Margit Boeckh/Text
Sebastian Kaps/Fotografie

Die Straße der Romanik

Mitteldeutscher Verlag

Titel: Memleben, die Krypta des ehemaligen Benediktinerklosters St. Marien
Frontispiz: Quedlinburg, St. Servatius
Rückseite: Quedlinburg, ehemalige Stiftskirche St. Wiperti, 1956 eingebautes Stufenportal der ehemaligen ottonischen Marien-Klosterkirche auf dem Münzenberg.

Titel page: Memleben, the crypt of St Marien, the former Benedictine monastery
Frontispiece: Quedlinburg, St. Servatius
Back side: Quedlinburg, St Wiperti the former collegiate church. The stepped entrance portal was originally found in the Ottonian Marien Monastery.

Zum Geleit

Sachsen-Anhalt besitzt einen unschätzbaren Reichtum an Baudenkmälern der Romanik. In der Zeit zwischen 950 und 1250 war Sachsen-Anhalt sowohl politisches als auch kulturelles Zentrum Europas. Mit der deutschen Einheit ist das Land an Elbe, Saale und Unstrut wieder ins Zentrum Deutschlands und Europas gelangt. Das Interesse an der Geschichte unseres Landes ist gerade in den vergangenen Jahren verstärkt ins Bewusstsein der Sachsen-Anhalter und Besucher gerückt. Vor dem Hintergrund eines vereinigten Europas sehen wir mit Staunen, dass hier bereits vor tausend Jahren internationale Politik gemacht wurde, die das Bild Deutschlands und seine Rolle in Europa unter der Hand des ersten deutschen Königs, Heinrich des Voglers, und seiner Nachfahren nachhaltig prägte. Steinerne Zeugnisse der umwälzenden Entwicklungen sind die Bauwerke jener Zeit: Klöster, Dome, Burgen. Kaum eine andere Region in Deutschland verfügt über ähnliche Reichtümer aus dieser sagenumwobenen Zeit.

Wie faszinierend die reizvolle Landschaft und die Kultur unseres Landes sind, zeigt auch, dass immer mehr Menschen Sachsen-Anhalt besuchen. Seit 1992 hat sich die Zahl der Übernachtungen verdoppelt, im vergangenen Jahr wurden fast fünfeinhalb Millionen gebucht. Besonderer Magnet für die Besucher aus dem In- und Ausland sind dabei die hier nahezu allerorts noch sichtbaren Zeugnisse des Mittelalters und der Romanik.

Unter dem Motto „Ein Land macht Geschichte" wurde die Straße der Romanik 1993 in den Regionen des Landes etabliert. Heute gehört die Straße bereits zu den ersten zehn der erfolgreichsten Themenstraßen in Deutschland. Erklärtes Ziel ist dabei nicht in erster Linie kunstwissenschaftlicher Tourismus für Spezialisten, sondern vielmehr ein Kulturtourismus für möglichst breite Interessentengruppen – vom Kunstkenner bis zur Familie, die hier den Urlaub verbringt. Ihnen allen öffnet sich, wenn Sie dem Weg entlang der Straße der Romanik folgen, ein faszinierender Einblick in ein fernes Zeitalter. Bei genauem Hinsehen können Sie nachempfinden, wie die Menschen damals lebten und dabei feststellen, dass sie in vielerlei Hinsicht genauso modern waren, wie wir uns heute sehen. Zugleich erlebt man auf vergleichsweise kleinem Raum eine Fülle unterschiedlichster Landschaften voll von Naturschönheiten, reich an idyllischen Orten, in denen heutzutage der Gast König ist.

Dieser eindrucksvoll konzipierte, neu überarbeitete zweisprachige Bild-Text-Band wird zweifellos einen wichtigen Beitrag dazu leisten, dass sich viele Menschen an der Schönheit und dem Reichtum Sachsen-Anhalts erfreuen. Ich lade Sie hiermit ein, unser Land zu besuchen, und die geheimnisvolle und faszinierende Welt des Mittelalters zu entdecken.

Katrin Budde
Ministerin für Wirtschaft und Technologie
des Landes Sachsen-Anhalt

„O schöne Landschaft,

wecke doch in meinem Herzen

fernen Widerschein deiner Schönheit"

Sr. Maria Assumpta Schenkl
Äbtissin des Cistercienserinnen-Klosters Helfta

Was regt uns heute noch auf? Wobei empfinden wir Sensation in des Wortes ursprünglicher Bedeutung – die Berührung der Sinne? In den Medien, durch technische Entwicklungen, beim Schritt in die scheinbar kaum noch unerforschbaren Welten?

Nur selten noch ist Erstaunen, Anteilnahme, Berührung in uns abrufbar.

Funktion und Erfolg bestimmen übermächtig das Maß der alltäglichen Werte. Und dennoch oder vielleicht gerade deshalb wachsen Sehnsüchte nach anderen Gewichten als nur denjenigen effizienzgeprägter Sachlichkeit – wie ein retardierendes Moment, mit dem wir dem neuen Jahrtausend neben seinen technoiden Zukunftsverheißungen auch Nahrung für Sinne und Seele abfordern.

Es gibt trotz der ökonomischen Zwänge und Widrigkeiten durchaus Erscheinungen in unserer Gesellschaft, die auf solche Bedürfnisse hindeuten. Die Hinwendung zu Persönlichem, zur Familie, dem Behaustsein, die Suche nach Heimat im weitesten Sinne. Rückbesinnung auf Ursprünge, auf historische und kulturelle Wurzeln ist ein hilfreicher, gangbarer und jedem zugänglicher Weg. Der leicht zu einem Pfad der Sensationen werden kann. Zumal hier in dieser Region, im Land Sachsen-Anhalt. Das ist ein im Vergleich zu anderen Bundesländern territorialgeschichtlich so junges Gebilde.

What continues to stimulate our minds today? When and how do we perceive the original purpose of words - the touching of our senses? In the media, through technological progress, by stepping into this world which seems to hold nothing more for us to discover?

It is seldom that wonder, interest, contact can still be called forth in our lives. Function and success determine the majority of our daily values. And still, or maybe because of this, many long for other priorities beyond these practicalities upon which efficiency is impressed. Like a delayed moment, in which we demand food for our senses and soul from this new Millennium, alongside its promise of technology.

Despite economical constraints and adversity there are certainly indications of such needs in our society. The turn towards privacy, to family, housing, the search for 'home' in the broadest sense. The recollections of origins and historical/cultural roots is a helpful, feasible path to take and is accessible to everyone. This 'path' can lead to new impressions. Particularly in this region, Saxony-Anhalt. It has a relatively young territorial history in comparison to the

Westansicht der Klosterkirche Unser Lieben Frauen in Magdeburg, unter Erzbischof Gero 1012/1023 als Kollegiatstift gegründet, ab 1129 unter Erzbischof Norbert von Xanten den Prämonstratensern zugehörig, das Kloster wurde damit Ausgangspunkt der intensiven Missionierungstätigkeit, aus der auch das Prämonstratenserstift Jerichow hervorging.

View of the Monastery Church of Our Lady in Magdeburg, which was established by Archbishop Gero (1012-1023), from 1129 onwards it belonged to the Premonstratensian monks during Archbishop Norbert von Xanten's term, as a result the monastery was the starting point of intensive missionary activities. The Premonstratensian religious foundation in Jerichow developed due to these progressions.

Gegenüberliegende Seite: Kloster Unser Lieben Frauen in Magdeburg, so genannte „Hochsäulige Kapelle" zwischen Chor und südlichem Kreuzgangflügel, vermutlich nach 1129 an die nordwestliche Wand des Chores angebaut.

Opposite page: The so-called 'High columned chapel' in Magdeburg's Monastery of Our Lady. It is situated between the chancel and the southern cloister wing and was probably built onto the chancel's north-west wall sometime after 1129.

Magdeburg, Kloster Unser Lieben Frauen, Blick nach Westen, die romanische Bausubstanz wird von den frühgotischen Wölbungen teilweise überdeckt.

Magdeburg, Monastery of Our Lady, view to the west. The Romanesque structure is partially concealed by early-Gothic arches.

Schließlich ist das Land zwischen Fläming und Harz, das im Norden von der Altmark und südlich vom Saale-Unstrut-Gebiet begrenzt wird, erst seit 1990 auf der Deutschlandkarte zu finden. Zuvor war es lediglich für eine kurze fünfjährige Interimszeit bis 1952 existent, vor der Aufteilung in die DDR-Bezirke Halle und Magdeburg. Und doch birgt dieses jugendliche Land die ältesten Wurzeln deutscher und europäischer Historie, die über ein Jahrtausend zurück reichen.

Denn just hier befand er sich, dieser ganz besondere Ort, ausgezeichnet vor allen anderen auf dem Kontinent durch

other German provinces. This region between Fläming and Harz, which borders the Altmark to the north and the Saale Unstrut Area in the south, has only been represented on the map of Germany since 1990. It existed for a mere 5 year interim until 1952, before it's division into the GDR districts Halle and Magdeburg. Indeed, this young region has ancient roots in German and European history. They reach back over 1000 years.

This special place, above all others on the continent, was distinguished through power and glory and vitality. It's supe-

Nördliches Seitenschiff der Klosterkirche Unser Lieben Frauen, Magdeburg.

Northern side aisle in the Monastery of Our Lady, Magdeburg.

Macht und Glanz und Leben. In seiner Entwicklung und Stellung so weit vom restlichen frühmittelalterlichen Europa abgehoben, dass er als „ein blühender Hof des Paradieses" erschien. So jedenfalls beschrieb es der Merseburger Bischof Thietmar (975–1018), der mit seiner zwischen 1012 und 1018 verfassten Chronik als einer der wichtigsten Geschichtsschreiber jener goldenen Zeiten gilt.

Seine Worte belegen bis heute vorwiegend steinerne Sachzeugen, die den Nimbus jener rund drei Jahrhunderte währenden Glanzepoche bis ins Heute ganz unmittelbar anschaulich machen. In dieser Region begegnet einem auf Schritt und Tritt das lebendige Mittelalter quasi vor der Haustür, so originär wie an nur wenigen Orten noch in Europa.

Mächtige Burgen, Andacht weckende Gotteshäuser, raumgreifende Klosteranlagen – auch noch in ihren Resten prägen sie nachdrücklich die Landschaft und finden mit ihren mannigfaltigen Botschaften Widerhall in unserem Inneren, bewegen Phantasie und Sinne. Im Erlebnis dieser Räume, im Staunen über Kunstfertigkeit und Kultur des vor so langer Zeit Geschaffenen, in der Bewunderung für die fortdauernde Behauptung gegen alle natürlichen, kriegerischen und sonstigen Anfechtungen fügt sich ein gültiges Maß der Dinge jenseits aktueller Zumutungen. Erhabenheit im guten Sinne vermitteln diese steinernen Boten, die um den Wechsel des vorigen Milleniums entstanden sind.

riority to the rest of early-Medieval Europe, due to it's development and situation, earned the region the euphemism 'Paradise's blossoming courtyard'. At least, it was so described by Archbishop Thietmar (975–1018), who was considered a great historian of this Golden Era. He wrote a chronicle between 1012 and 1018. Today, his words substantiate solid fact, which lend transparency to the mystique of that glorious century (919–1024). In this area, the Middle-Ages are alive at every turn, original as in only a few places in Europe.

Mighty fortresses, devotional houses of God, spacious monastery sites – the remains of these constructions leave impressions on the landscape and stimulate the imagination and senses with their manifold messages. Experiencing these rooms, marvelling the craftsmanship and culture which was created so long ago and the assertion against all natural, warlike and other challenges, a message is discovered about the measure of things, beyond current reason. These stony messengers convey the grandeur which emerged at the turn of the last millennium.

10

Krypta der Klosterkirche, Kreuzgratgewölbe auf monolithischen Säulen aus Sandstein, Granit und Rübeländer Marmor.

Monastery church's crypt, groined vaults supported by monolithic columns fashioned from sandstone, granite and Rübeland marble.

Der kunsthistorische Begriff Romanik wird nur durch einen Buchstaben getrennt von der so gänzlich anders gearteten Romantik. Doch ist die auf den ersten Blick vorwiegend düstere, spröde, erdhafte Wucht der Romanik sehr wohl zugleich romantisch in ihrer Wirkung. So empfand es mit seinen Zeitgenossen auch der Romantiker Wilhelm von Kügelgen (1802–1867), der über drei Jahrzehnte bis zu seinem Tod als Hofmaler des Herzogs von Anhalt-Bernburg in Ballenstedt gewirkt hat und angesichts der ihn rings umgebenden Zeugnisse romanischer Baukunst notierte: „Es ist unbegreiflich, wie diese Alten, denen wir so wenig Kenntnisse zuzutrauen geneigt sind, doch einen so überaus sublimen Geschmack haben konnten … Diese alten Kirchen sind ver-

The art-historical term 'Romanesque Style' is not to be confused with that of the Romantic. Although, at first sight the sinister, brittle, earthy bulk of Romanesque constructions could also be considered as romantic, in effect. This was also perceived by the Romantic Wilhelm von Kügelgen (1802–1867) and his contemporaries. He was the court artist for the Duke of Anhalt-Bernburg in Ballenstedt for over 30 years until his death. In view of the Romanesque buildings of his surroundings, he noted: 'It is incomprehensible to think that the people of that era, of which we know so little, could have such sublime taste … These old churches are Psalms turned to stone … If the sermon was cancelled in a church such as the one in Gernroder the stones could preach'. This proclamation can be

Magdeburg, Klosterkirche Unser Lieben Frauen von Südosten.

Magdeburg, Monastery Church of Our Lady pictured from the south-west.

steinerte Psalmen ... In einer Kirche wie der Gernroder kann die Predigt zur Not entfallen, weil die Steine predigen."

Dieser Verkündung kann man überall in unserem Land nachgehen, denn Sachsen-Anhalt weist nach dem Rheinland den größten Schatz an romanischen Bauwerken in Deutschland auf. Weit mehr noch als die 72 Objekte in 60 Orten des Landes zwischen Elbe und Saale, die vor einem reichlichen Jahrzehnt zu dem touristischen Projekt „Straße der Romanik" zusammengefasst wurden. In diesem relativ kurzen Zeitabschnitt ist erstaunlich viel geschehen. Nicht nur, dass diese Erlebnisstraße sehr schnell zu einem im Wortsinne anziehenden Glanzpunkt für die Region wurde, sondern es hat

tested in this region, as Saxony-Anhalt has the largest collection of Romanesque treasures in Germany, second only to the Rhineland. Far more than the 72 objects in the 60 locations between the Elbe and Saale Rivers, which were summarized about a decade ago for the tourist project 'Straße der Romanik' (Route of the Romanesque Period). An astonishing amount has already occurred in this relatively brief period. Some Romanesque gems have been restored to their former glory and others have been carefully completed and revived

Magdeburg, Dom St. Mauritius und St. Katharina von Südosten, hervorgegangen aus einem Bau welcher 937 von Otto I. zu Ehren des heiligen Mauritius begründet wurde und als königliche Grablege bestimmt war, 946 wurde Ottos erste Gemahlin Editha und später er selbst hier bestattet, größter Sakralbau Mitteldeutschlands mit 101 Metern Höhe und 120 Metern Länge.

The St Mauritius and St Katharina Cathedral in Magdeburg as seen from the south-east. It arose from a structure which had been grounded by Otto I in honour of St. Mauritius and was conceived as a royal tomb. In 946 his first wife Editha was buried here as well as Otto himself at a later date. It is the largest sacred building in central Germany, measuring 101 metres in height and 120 metres in length.

auch so manches romanische Kleinod durch Restaurierung neuen Glanz bekommen, anderes wurde behutsam ergänzt und durch neue Nutzung buchstäblich wieder lebendig. So geschah es auch Bauwerken am Rande der offiziellen Romaniktour. Und oftmals sind es gerade diese scheinbar stillen Orte jenseits des Touristiktrubels, die erstaunliche Schätze aufweisen. In diesem Sinne sei jeder eingeladen, seine Straße der Romanik zu entdecken und sich auf ihre Sensationen einzulassen.

through new utilisation. This was also the case with the constructions on the edge of the official Romanesque tour. Often it is these quiet places, beyond the bustle of tourism, which reveal astonishing treasures. Thereby, there is an open invitation to those who wish to discover the streets of the Romanesque Period for themselves.

Magdeburg, Katholische Kirche St. Sebastian, markantes Kennzeichen ist die Doppelturmfassade mit den barocken Hauben.

Magdeburg, the Catholic St Sebastian Church. The double tower façade with Baroque capping is the church's striking feature.

Magdeburg, Katholische Kirche St. Petri, vom romanischen Ursprungsbau ist nur noch der durch Bogenfriese und Ecklisenen gegliederte Westturm erhalten, gegen Ende des 14. Jahrhundert wurde das romanische Langhaus durch den heute sichtbaren gotischen Neubau ersetzt.

Magdeburg, the Catholic St Petri Church. The preserved arch friezes and sectionalised west tower are the sole remainders of the original Romanesque construction. The Romanesque long house was replaced towards the end of the 14th century by the Gothic structure which still remains today.

Der Rundbogen begleitet wie ein Markenzeichen den romanischen Baustil und wurde zu dessen gängigem und unverkennbaren Merkmal. Der Begriff Romanik ist eine „Erfindung" des 19. Jahrhunderts, zurückgehend auf den französischen Archäologen Arcisse de Caumont (1802–1873). Der hatte in seinem Standardwerk „Cours d'antiquités monumentales" für den antik-römischen Ursprung der vorgotischen Baukunst die Umschreibung „architectur romane" benutzt, die seither als Epochenbegriff Eingang in die Kunstgeschichte fand. Heute steht Romanik als Oberbegriff für alle Kunstgattungen aus dem Zeitraum von um die Mitte des 10. Jahrhunderts bis ins 13. Jahrhundert hinein. Eine bewegte Epoche in Europa, geprägt von Befestigung und Ausdehnung weltlicher wie christlicher Macht. In der Begegnung mit romanischer Kunst überkommt uns eine Ahnung von Geist und Leben des frühen Mittelalters, den Ängsten und Hoffnungen, der Willkür und dem Ausgeliefertsein an

The round arch accompanies the Romanesque architecture like a trademark and became it's common and unmistakable characteristic feature. The term 'Romanesque' was an invention of the 19th century, traceable to the French archeologist Arcisse de Caumont (1801–1873). In his standard work 'Cours d'antiquités monumentales' he used the definition 'architecture romane' to describe the antique-Roman origins of pre-Gothic architecture. This became the art-historical term for the era. Today, Romanesque stands for all art forms dating from the mid-10th century into the 13th century. This was an intense era in Europe, characterised by fortresses and the spread of secular and also Christian power. Encounters with Romanesque Art give us an idea of the zeitgeist and life of the early Middle-Ages; the fears and hopes, the despotism; being at the mercy of the temporal and spiritual authorities as well as natural disasters and illness. The people of this time considered them-

Unweit von Pretzien – die Dorfkirche in Plötzky, ein romanischer Bruchsteinbau aus der zweiten Hälfte des 12. Jahrhunderts.

The village church in Plötzky, a Romanesque quarry stone construction from the second half of the 12th century. It is situated off the Romanesque Route, not far from Pretzien.

Gegenüberliegende Seite: Pretzien, Dorfkirche St. Thomas, der in der zweiten Hälfte des 12. Jahrhundert errichtete Bruchsteinbau besticht durch seine sorgfältige Bauausführung, bemerkenswert sind die romanischen Malereien im Chor und in der Apsis (S.15).

Opposite page: Pretzien, St Thomas village church. The quarry stone building was erected in the second half of the 12th century. The carefully executed structure is captivating. The Romanesque paintings in the chancel and apse are remarkable.(p.15).

Blick über das romanische Taufbecken der Pretziener Dorfkirche St. Thomas.

View over the Romanesque baptismal font in St Thomas, the church in Pretzien.

Obrigkeiten wie an Naturgewalten oder Krankheiten. Der Mensch jener Zeiten empfand sich als Teil des göttlichen Kosmos, seine Verbindung mit der Schöpfung und den darin waltenden Kräften war Geheimnis. Mystik und Glaube begegneten sich. Die christliche Kirche bot Zuflucht und Heimstatt im Geistigen wie ganz unmittelbar durch ihre Bauten.

Unter dem schützenden Dach und in festen Mauern der Kirchen konnte sich die Gemeinde zur Gottesverehrung versammeln, geborgen vor Regen, Sturm und Schnee, aber auch vor den Bedrohungen des slawisch-heidnischen Umfeldes. Denn der neue Glaube, den die christlichen Missionare in den Rodungsdörfern an den Hängen der Mittelgebirge

selves to be a part of the divine cosmos and their link to God's universe and its prevailing powers remained a mystery to them. Mysticism and belief met. Spiritual refuge was offered by the Christian Church, as was a worldly shelter which was created through their buildings.

Through the protective roofs and strong walls, the churches were a place where the community could gather to worship God, sheltered from rain, storms and snow. They were also safe from the threat of the nearby Slavs and heathens. The new belief, which was being spread by Christian missionaries (in the cleared woodland villages on the cliffs of the highlands as well as on the flat plains beyond

Gegenüberliegende Seite: Blick auf das Renaissance-Schloss und die ehemalige Stiftskirche St. Marien, St. Petrus und St. Eleutherius von Südwest, 1155 feierliche Weihe durch Bischof Wigger von Brandenburg und Erzbischof Wichmann von Magdeburg im Beisein Albrechts des Bären, 1534 säkularisiert, die Klausurgebäude seit 1564 zu einem Schloss der Freiherren von Münchhausen umgebaut.

Opposite page: View of the Renaissance castle and St Marien, St Petrus and St Eleutherius from the south-west. Consecrated by Bishop Wigger from Brandenburg and Archbishop Wichmann from Magdeburg in 1155, in Albrecht the Bear's presence. Secularised in 1534. The assembly buildings were converted into the Baron von Münchhausen castle in 1564.

Leitzkau, Blick auf das Schloss und die ehemalige Stiftskirche St. Marien, St. Petrus und St. Eleutherius von Nordosten.

Leitzkau, view of the castle and former collegiate church St. Marien, St. Petrus and St. Eleutherius from the north-east.

Leitzkau, Dorfkirche St. Peter, der ursprüngliche Bau war der älteste steinerne Neubau östlich der Elbe.

Leitzkau, St Peters village church. The original building was the oldest stone construction east of the Elbe River.

wie auf den flachen Ebenen jenseits der Elbe zu verbreiten trachteten, traf naturgemäß auf den Widerstand der dort ansässigen Slawen. Das Kreuz kam mit dem Schwert. Schlug Breschen in das östliche Neuland, das es zunächst für den ersten König des späteren Heiligen römischen Reiches deutscher Nation Heinrich I. (um 876–936) zu erobern und zu sichern galt. Die Herrschaft Heinrichs, in der zeitgenössischen Geschichtsschreibung ebenso als „großer Förderer des Friedens“ wie als „eifriger Verfolger der Heiden“ charakterisiert, und die seiner Nachfolger war abhängig von Ausdehnung

the Elbe), naturally met with opposition from the Slavs who were settled there. The sword accompanied the cross. The path was cleared into the eastern Neuland (New Land) which was meant to be conquered and secured for King Heinrich I. (876–936) who was later to be the first ruler of the Holy Roman Empire of the German Nation. Heinrich's reign, which was characterised in historical records of that era as 'a great supporter of peace' as well as 'diligently pursuing the heathens', and the reign of his successor was dependant on expansion and development at the expense of the

Loburg, Ruine der Liebfrauenkirche, sorgfältig gequaderter Feldsteinbau aus dem 12. Jahrhundert, 1601 instandgesetzt und über die Jahrhunderte verfallen, 1900 als Ruine restauriert.

Loburg, ruins of the Liebfrauenkirche (Church of Our Lady). It is a carefully constructed fieldstone building dating back to the 12th century. Out of use since 1601, thus becoming derelict. Restored as ruins in 1900.

und Machentfaltung auf Kosten der Slawen, die in diesem Gebiet seit der Zeit der Völkerwanderung heimisch waren. Die gewaltigen sakralen Bauten – fesselndes Grundthema der Meister der Romanik – wirkten als steinerne Manifeste der Macht. Kirchen und Dome als eindrückliche, Ehrfurcht gebietende Glaubenszeichen der überlegenen Herrlichkeit im Namen des christlichen Gottes, Klöster mit reichen Pfründen als Orte des Wissens und Rückgrat des Wirtschaftsgefüges.

Kirchen und Klöster, Burgen und Pfalzen markierten die Fixpunkte des Herrschens. Denn eine Hauptstadt mit ständiger Präsenz des Kaisers oder Königs kannte man noch nicht. Die Staatsgeschäfte vollzogen sich sozusagen im fliegenden Wechsel der Orte. Der König nutzte die noch aus karolingischer Zeit stammenden königlichen Güter und zog mit seinem Gefolge von Königshof zu Königshof, von einer Pfalz zur anderen. Es war durchaus nicht nur eine Sache der Ehre, wenn solch ein hoher Besuch einfiel. Denn der herrschaftliche Tross umfasste mitunter Hunderte von Personen, die

Slavs, who had been settled in the area since the migration of the peoples. The immense sacred buildings – the theme which riveted the Romanesque master craftsmen – give the impression that the power and might of the period manifests itself in their stones.

The churches und cathedrals were symbols of the impressive and awe-inspiring faith in the superior magnificence of the Christian God. Monasteries with wealthy sinecures were places of wisdom and the backbone of the economical structure. Churches and monasteries, fortified castles and palatinates were the focal points of the ruling powers. This was because it was still unheard of for a king or emperor to always reside in a capital city. The state affairs were conducted in ever different places. The king moved from one royal court to the next with his entourage, from palatinate to palatinate. This was not only a matter of honour, when such an important visit was received. The grand retinue was comprised of around 100 persons, who were to be fed and given shelter. Due to this, the stay could only be inter-

Abseits von der Straße der Romanik, unweit von Loburg die Dorfkirche von Klepps, spätromanischer Feldsteinbau, Turmaufbau in Backstein von 1901.

The Klepps village church is not far from Loburg and is situated off the Romanesque Route. It is a late-Romanesque fieldstone building, with a brick tower structure from 1901.

unterzubringen und zu beköstigen waren. Schon aus diesem Grunde konnten die Aufenthalte nur zeitweilig sein. Waren die anliegenden Amtsgeschäfte erledigt, Urkunden ausgestellt, Bischöfe und Grafen empfangen oder Gerichte abgehalten, die Vorräte erschöpft, zog man in Ausübung des reisenden Herrschaftsgewerbes weiter zur nächsten Station.

Unruhevolle Zeiten ringsum. Der Streit der Fürsten um die Macht nach dem Tode Karls des Großen (747–814) und dem Zerfall seines europäischen Reiches bedeutete Jahrhunderte lang Unfrieden und Unsicherheit. Auseinandersetzungen und Kriege überzogen Europa von Italien bis nach Deutschland. Die mitteldeutsche Region lag im Zentrum von Macht und Auseinandersetzung. Die Rivalitäten fanden eine vorläufige Zäsur im Jahre 919 mit der Wahl des Sachsen-Herzogs Heinrich zum deutschen König. Ein Sachse als Hoffnungsträger, Begründer des Reiches, dem bis in unsere Tage die Legende zu Volkstümlichkeit verhilft. Soll er doch die Nachricht von seinem Königtum auf höchst romanti-

mittent. When official business had been dealt with, documents issued, bishops and counts received or court held and the supplies exhausted, the enormous travelling royal entourage would move on to the next station.

These were troubled times. The princes' dispute for power after the death of King Charles the Great (747–814) and the collapse of his European Empire resulted in centuries of discord and uncertainty. Conflicts and wars covered Europe from Italy to Germany. The central German region lay in the main area of power and clashes. There was a temporary break in the rivalries in 919 A.D. following Duke Heinrich's coronation as King of Germany. A Saxon was to be the great white hope, the Empire's founder, who as legend has it, was very popular. He is supposed to have received news of his ascension of the throne in a highly romantic way as well as in Romanesque surroundings. It is reported in the following ballad that Heinrich was enjoying the, for today's standards disreputable, noble pastime of bird trapping as he was notified: 'Master Heinrich sat near to the flock of birds right

sche Weise in gleichwohl von romanischer Nachbarschaft geprägter Umgebung erhalten haben. Beim heutzutage höchst suspekt erscheinenden, damals jedoch beliebten Adelsvergnügen des Fallenstellens für den Vogelfang, von dem die Ballade verklärend berichtet: „Herr Heinrich saß am Vogelherd, recht froh und wohlgemut …“ In Quedlinburg soll es gewesen sein, dort, wo im Schatten der Königsburg aus dem 10. Jahrhundert der namentlich die Sage aufgreifende Finkenherd steht, das viel jüngere älteste Fachwerkhaus der Stadt.

Eine schöne Geschichte, mehr nicht. Denn als historische Wahrheit weiß man inzwischen ziemlich sicher, dass Heinrich I. zum Mann der Wahl wurde durch die Mächtigen aus Franken und Sachsen, die den eigentlichen Außenseiter auf einem Reichstag im hessischen Fritzlar im Widerstreit rivalisierender Interessen zu ihrem Favoriten erkoren. Eine gute Entscheidung, wie sich im weiteren Verlauf der Geschichte gezeigt hat. Nicht nur im Äußeren war dieser Heinrich ein wahrer König, von dem der Chronist Widukind von Corvey in seiner Sachsengeschichte geradezu schwärmerisch schreibt: „Er zeichnete sich durch ungeheure Klugheit und Weisheit aus, dazu kam noch eine mächtige Körpergestalt,

happy and cheerful …' This scene apparently took place in Quedlinburg.

No more than a pleasant story. It is now fairly certain that the historical truth is somewhat different. Heinrich I. was voted by the powerful Peers in the Frankish Empire and Saxony, who selected the outsider as their favourite during a conflict of rival interests at a Reichstag (Imperial diet) in Fritzlar, Hesse. It was a good decision, which was to be confirmed in the course of history. Heinrich was not just a true king in appearance, as was enthusiastically described by Widukind von Corvey, the chronicler, in his history of Saxony: 'His tremendous intelligence and wisdom made him remarkable, as did his powerful physique which added to his regal demeanour. Partaking in competitions he beat others with such superiority, that he could shoot 40 heads of game or more in one go. Although he was very merry at feasts this never undermined his royal dignity. His warriors rewarded him thus with goodwill but also feared their king, so that even when he joked with them, they did not allow themselves to take liberties'. Heinrich was also a politically clever and farsighted ruler. His calculated authority took effect and the basis for combined trading between the sep-

Nienburg, ehemalige Benediktinerkirche St. Maria und St. Cyprian, der ursprüngliche ottonische Bau, 1004 geweiht, fiel 1042 einem Feuer zum Opfer, 1066 wurde bereits die neue Klosterkirche geweiht, die 1242 ebenfalls durch einen Brand zerstört wurde, anschließender Bau zeigt Übergang von der Romanik zur Gotik.

Nienburg, St Maria and St Cyprian the former Benedictine church. The original Ottonian structure, consecrated in 1004, fell victim to fire in 1042. The new monastery church was consecrated as early as 1066 and was also destroyed by fire in 1242. The building which followed shows the transition from the Romanesque to Gothic architecture.

Nienburg, die ehemalige Benediktinerkirche St. Maria und St. Cyprian in ihrer Südwestansicht.

Nienburg, south-west face of the former Benedictine St. Maria and St. Cyprian Church.

die der königlichen Würde den echten Schmuck verlieh. Bei Wettkämpfen besiegte er alle mit solcher Überlegenheit, dass er die übrigen in Schrecken versetzte. Bei der Jagd war er so unermüdlich, dass er auf einen Ritt vierzig oder mehr Stück Wild erlegte. Obwohl er bei Gelagen sehr fröhlich war, minderte er dennoch nicht die königliche Würde. Denn er flößte seinen Kriegern gleichzeitig ein solches Wohlwollen und eine solche Furcht ein, dass sie, auch wenn er scherzte, sich nicht getrauten, sich irgendwelche Freiheiten herauszunehmen." Auch politisch war Heinrich I. ein kluger weitsichtiger Herrscher, dessen machtbewusstes Wirken die Grundlage schuf für gemeinschaftliches Handeln der einzelnen Stammesherzogtümer und gemeinsame deutsche Identität. Den poetischen Beinamen „der Vogler" behielt er seither, dieser erste Sachse auf dem deutschen Thron, mit dem die Dynastie der Karolinger abgelöst wurde.

Wobei auch in der poetischen Verklärung eine Wahrheit liegt: dass nämlich die Entwicklung des deutschen Reiches im frühen 10. Jahrhundert hier in Mitteldeutschland ihren Anfang nahm. Hatte es doch Heinrich mit diplomatischem Geschick gegenüber Adel und Kirche vermocht, der Idee des Reiches neue Gestalt zu geben, es zu stabilisieren und entscheidende Voraussetzungen für dessen Schutz zu schaffen durch den Aufbau eines Burgensystems samt gepanzerter Reiterei. Mit der von ihm bestimmten so genannten Quedlinburger Hausordnung von 929 sicherte er außer der Unteil-

arate tribal duchies and a common German identity were established. This first Saxon to ascend the German throne, whose rule ended the Carolingian Dynasty kept the poetic epithet "der Vogler" (the bird catcher) since that time.

Some truth lies in the poetic transfiguration: Namely, that the development of the German Empire started in central Germany in the early 10th century. Heinrich was able to exercise diplomatic skill in the face of the nobility and the Church, was able to give the idea of "Empire" a new form, to stabilise this empire and to create decisive crucial prerequisites, through which a fortress system was built up, along with armoured cavalry. Due to this ordering of the so-called Quedlinburger Hausordnung (the Quedlinburger Rules) from 929, he secured not only the Empire's indivisibility but also the successor: his son Otto. As a result of these far-reaching

Gegenüberliegende Seite: Bernburg-Waldau, Dorfkirche St. Stephan, flachgedeckter Feldsteinbau aus dem 12. Jahrhundert in charakteristischer Staffelung von seiner Südostansicht.

Opposite page: St Stephan village church in Bernburg-Waldau. It is a flat-roofed fieldstone building from the 12th century. Seen here from the south-east.

Bernburg-Waldau, Dorfkirche St. Stephan, Blick über das Taufbecken in Richtung Chor und Apsis.

The St Stephan village church in Bernburg-Waldau. View over the baptismal font towards the chancel and apse.

barkeit des Reiches auch die Nachfolge durch seinen Sohn Otto. In Folge dieser weitreichenden Entscheidungen stiegen die deutschen Könige zu den mächtigsten Herrschern Europas auf.

Über die Regierungszeit des Heinrich-Sohnes Otto I. (912–973), bald der Große genannt, heißt es bei Thietmar von Merseburg: „In seinen Tagen erstrahlte das goldene Zeitaltern." Mit „väterlicher Gewalt" habe er seine Untertanen gelenkt. Ein von Glück begünstigter Herrscher. Seine klug bewerkstelligten Ehen mit der angelsächsischen Edith und der prestigeträchtigen italienischen Adelheid, sein glückli-

decisions, the German kings were to become the most powerful rulers in Europe.

During the time that Heinrich's son Otto I. (912–973) ruled, later called 'the Great', it was said by Thietmar von Merseburg that, 'the golden age shone in his day'. He governed his subjects with a 'fatherly hand'. He was a ruler favoured with good fortune. His cleverly managed betrothals to the Anglo-Saxon Editha and the prestigious Adelheid from Italy, his fortunate victory against the Hungarians in the battle on the Lechfeld in 955, his coronation as the first German emperor which was enacted by Pope Johannes XII.

Petersberg, Blick auf den mächtigen Westturm der Klosterkirche des ehemaligen Augustiner Chorherrenstiftes St. Petrus, 1124 Gründung durch Graf Dedo IV. von Wettin und Markgraf Konrad von Meißen, 1565 bei einem Brand weitgehend zerstört, Wiederaufbau 1853–57.

Petersberg, a view of the monastery church's west tower. The church formerly belonged to the St. Petrus Augustinian canons' foundation. It was established by Count Dedo IV von Wettin and Margrave Konrad von Meißen in 1124. Far-reaching destruction due to fire in 1565, reconstruction followed in 1853–57.

Abseits von der Straße der Romanik: Altjessnitz im Landkreis Bitterfeld, romanischer, flachgedeckter Feldsteinbau in charakteristischer Staffelung.

Off the Romanesque Route: Altjessnitz in the Bitterfeld district. Flat-roofed fieldstone building.

cher Sieg über die Ungarn bei der Schlacht auf dem Lechfeld 955, die sieben Jahre später folgende Krönung durch Papst Johannes XII. zum ersten deutschen Kaiser erschienen wie die ausdrückliche Segnung des Himmels und brachten ihm ruhmvolle Bezeichnungen ein – als das Haupt und der Liebling der Welt.

Ein üppiger Glanz, der weit über die Ära der Ottonen strahlte. Der Begriff wurde geprägt, weil auch die beiden Nachfolger den Namen Otto trugen. Wobei Otto II.

Petersberg, Stiftskirche St. Petrus, Blick in das Mittelschiff in Richtung Westen.

The St Petrus collegiate church in Petersberg. View of the central nave, looking westwards.

seven years later appeared to be the expression of Heaven's blessing and he was praised as the most-beloved leader of this world.

An opulent splendour shone on that Ottonian era and beyond. A term was propagated for this dynasty in the 11th century in the Quedlinburg annals: 'stemma imperatoria illa Ottonum'. It began with Heinrich I., then came Otto I., followed by his son Otto II., the grandson Otto III. and ultimately Heinrich II. Otto II. (955–993) was 6 years old when his father elevated him to king and 6 years later he was

Abseits von der Straße der Romanik: Hohenthurm unweit von Landsberg, zusammenhängender Baukomplex auf einer Porphyrkuppe inmitten des Ortes, hochromanischer Ursprungsbau mit späteren Veränderungen.

Off the Romanesque Route: Hohenthurm, not far from Landsberg. A linked building complex, situated a porphyry hilltop in the location's centre. The original structure is from the high-Romanesque era with some later alterations.

Gegenüberliegende Seite: Untergeschoss der Doppelkapelle St. Crucis, einem Kleinod der romanischen Architektur in Mitteldeutschland, Überrest der zwischen 1156/75 errichteten Burg-anlage des Wettiners Dietrich III.

Opposite page: Lower floor in the St Crucis double chapel. It is an architectural gem in Romanesque central Germany.

Landsberg, Blick von Osten auf die drei Apsiden der Doppelkapelle St. Crucis.

Landsberg, view from the east over the St Crucis double chapel's three apses.

(955–983), der schon als Sechsjähriger von seinem Vater zum König erhoben und sechs Jahre später zum Mitkaiser gekrönt wurde, durch die Heirat mit der byzantinischen Prinzessin Theophanu die Anerkennung seines Kaisertums durch Byzanz erreichte. Seine Macht jedoch wurde in stetigen Kämpfen unter anderem gegen Dänen, Franken, Sarazenen, Slawen und anderen zerrieben.

crowned as co-emperor in 967, which had been achieved due to the recognition of his imperial rule through his marriage to the Byzantine princess Theophanu. His power was worn away as a result of the ongoing conflicts with the Danes, Franks, Saracens and Slavs among others. His son Otto III. (980–1002) was crowned as emperor at the tender age of 3 ½ and grew up

Halle-Böllberg, relativ unverfälschter Bruchsteinbau aus dem 12. Jahrhundert.

Halle-Böllberg, relatively unadulterated quarry stone structure from the 12th century.

Gegenüberliegende Seite: Halle, Burg Giebichenstein auf einem Porphyrfelsen über der Saale, 961 erstmals erwähnt, 1636 bei einem Brand zerstört, Ringmauerwerk und romanischer Eckturm sowie umfangreiche Kemenatenfundamente erhalten, heute Museum und Hochschule für Kunst und Design.

Opposite page: Halle, Burg Giebichenstein (the Giebichenstein Castle Fort) is built on porphyry rock overlooking the Saale River and was first mentioned in 961. Destroyed by fire in 1636, although the ring wall masonry and Romanesque corner towers as well as extensive foundations were preserved. The building presently serves as a museum and an academy for art and design.

Sein Sohn Otto III. (980–1002), bereits dreieinhalbjährig zum Kaiser gekrönt, wuchs bis zu seiner Mündigkeitserklärung mit 15 Jahren in der Obhut seiner Mutter Theophanu, nach deren Tod der Großmutter Adelheid auf und erfuhr eine für damalige Verhältnisse ungewöhnlich hohe Bildung. Noch sein Großvater hatte erst als Mittdreißiger Lesen und Schreiben gelernt. Der Enkel beherrschte schon als Knabe Griechisch und war den Künsten zugewandt. Der wohl auch deshalb mit dem ehrfürchtigen Beinamen „Wunder der Welt" versehene Herrscher starb schon mit 22 Jahren, unverheiratet und ohne Thronfolger.

Mit der 1002 beginnenden Regierungszeit Heinrichs II. (bis 1024) ging die Herrschaft der Ottonen zu Ende. Sie wurden von den fränkischen Saliern und diese wiederum von den Staufern abgelöst. Doch hatten die Ottonen mit ihrer Weltaufgeschlossenheit, mit geschickt ausgespielten Beziehungen quer durch den Kontinent und durch politische wie militärische Gunst Deutschland die führende Position in Europa verschafft und ihr Stammland zum Herz dieses Reiches gemacht.

Was nicht zuletzt auch dem Wirken der Frauen an ihrer Seite und in ihrem Umfeld zuzuschreiben ist. Denn was bei der Beschäftigung mit den Ottonen markant auffällt, ist die herausgehobene Stellung von Frauen jener Zeit. Oftmals den meisten der herrschenden Männer an Bildung weit überle-

in his mother Theophanu's care and after her death under his grandmother's protection until the declaration of his maturity at the age of 15. During that time he received an advanced education, which was unusual in that day and age. Indeed, his grandfather had learnt to read and write in his mid-thirties. Otto III. already mastered the Greek language as a boy and was interested in the arts. Because of these talents he was given the reverential epithet 'Wonder of the world'. He died when only 22 years old, unmarried and without an heir to his throne.

The Ottonian dynasty ended with the reign of Heinrich II. (973–1024) in 1002. It was taken over by the Frankish Saliern and in turn by the Staufern. But the Ottonian rulers had already succeeded in taking Europe's leading position and making Germany the heart of the empire, as a result of their worldliness, skilfully played contacts throughout the continent, as well as political and military accomplishments.

It can also be said that the women at their side and in their environment should also be accredited as having contributed to the success of the dynasty. The women of this time and in this empire apparently had important positions. Their education was often superior to that of the men who governed and some of these women gained influence and effect. It almost appears to have been the anticipation of today's demands for emancipation. These strong women

gen, erlangten sie derartige Wirkungsmöglichkeiten und solchen Einfluss, dass es wie eine vorweggenommene Erfüllung sämtlicher emanzipatorischer Forderungen der Neuzeit erscheint. Wobei zu den starken Frauen, die das Bild und die Ereignisse jener Zeit prägen, ebenso die zum Herrschen geborenen und erzogenen Adelsdamen gehören wie fromme Klosterinsassinnen, die allerdings meist auch diesen Kreisen entstammten. Mütter und Gemahlinnen der Ottonen bestimmten wesentlich die weltlichen Geschicke, nachdem sie vor allem durch Herkunft und eingebrachten Besitz lukrative Objekte der Begierde für ehrgeizige Heiratsprojekte waren. Das Liebesband soll zuweilen zwar auch in adligen Verbindungen geflochten worden sein, doch waren die Sicherung, besser noch Erweiterung von Besitz und Ein-

were not only the noble women who were born to rule, but also the devout members of the convents who had generally also originated from these circles. Mother and wives of the Ottonian rulers also essentially determined the mundane skills, but primarily they were lucrative objects of desire for ambitious marriage projects as a result of their background and estate. Love is also supposed to have been an element of some noble relationships, but the increase in property and influence was a more important reason for such a marriage. For example: the Saxon Luidolf, who was an ancestor of the later Ottonian House, chose Oda, daughter of the Frankish royalty; Otto the Great was presented the Lombardy crown through his marriage to his 2nd wife Adelheid, his son Otto II. achieved the important contact to Byzantium

Rabenkäfig im Merseburger Schlossbezirk. *Raven cage in the Merseburg castle district.*

Merseburger Dom St. Johannes und St. Laurentius zusammen mit dem Schloss auf dem Hochufer über der Saale.

The St Johannes and St Laurentius Cathedral in Merseburg, together with the castle on the high river banks overlooking the Saale.

Dom St. Johannes und St. Laurentius, Ansicht von Westen, den Türmen mit ihren achteckigen Aufsätzen aus dem 12. Jahrhundert vorgelagert, ist die aus dem 13. Jahrhundert stammende Vorhalle, in der Mitte über dem Portal Büste Heinrichs II., links und rechts die Standbilder von Laurentius und Johannes dem Täufer.

View from the west of the St Johannes and St Laurentius Cathedral. The entrance hall originates from the 13th century and precedes the towers with their eight-cornered bases. A bust of Heinrich II. is placed in the centre over the portal and to the left and right are statues of Laurentius and John the Baptist.

fluss weit gängigere handfeste Gründe für eine Ehe. So hatte beispielsweise schon der sächsische Liudolf als Ahnherr des späteren Ottonen-Hauses die fränkische Fürstentochter Oda erwählt, Otto der Große durch die Heirat mit seiner zweiten Frau Adelheid die lombardische Krone erlangt, und sein Sohn Otto II. konnte mit Theophanu die wichtige Beziehung zu Byzanz erringen. Und wenn es darauf ankam, griffen die keineswegs minniglich gesonnenen hohen Freier auch schon mal zu durchaus schnöden Handlungsweisen, wie etwa Heinrich I. bei Hatheburg. Von dieser Merseburger Grafentochter trennte er sich, wobei ihm ein kirchliches Verdikt sicher willkommene Hilfe leistete. Er behielt ihr Erbteil und mehrte es durch weiteres erheiratetes Vermögen. Das brachte ihm nämlich die alsbald gefreite, damals etwa 14-jährige westfälische Mathilde, in die er „ob ihrer Schönheit und ihres Vermögens" heimlich erglüht war, wie die Thietmar-Chronik unverblümt vermerkt.

Mit Mathilde, ihrer Schwiegertochter Adelheid ebenso wie später mit Theophanu standen den Ottonen Frauen von Format zur Seite. Sie hatten teilweise als Mitherrscherinnen oder in Stellvertretung bzw. als Vormund ihrer minderjährigen königlichen Nachkommen erheblichen Anteil an

through his wife Theophanu. When push came to shove it was not below these noblemen to use thoroughly despicable means of negotiation, as did Heinrich I. with regard to Hatheburg. He left the daughter of the Merseburger Count, whereby he was at an advantage due to a helpful church verdict, kept her share of the inheritance and increased his wealth by marrying into another fortune. His new wife was the 14 year old Mathilde from Westphalia, in whom he 'admired her beauty and fortune' (quote from the Thietmar Chronicle).

Mathilde, her daughter-in-law Adelheid and later also Theophanu were women of stature at the sides of their ruling husbands. They had a say in decisions and in governing the empire on behalf of their young royal sons. This was

Merseburger Dom, Blick nach Westen in Richtung auf den prunkvollen barocken Orgelprospekt.

The Merseberg Cathedral. View to the west towards the magnificent Baroque period organ prospect.

Merseburger Dom, ältester Teil des Kreuzganges das tonnengewölbte Joch des Westflügels mit der vorgelagerten kleinen Kapelle, vermutlich aus dem 12. Jahrhundert.

Merseberg Cathedral, oldest section of the cloisters situated within the barrel-vaulted bay in the west wing. Preceded by the small chapel, considered to have originated in the 12th century.

Entscheidungen und bei der Regierung des Reiches. Insbesondere die später heilig gesprochene Adelheid (931–999) wurde als Gemahlin Ottos des Großen wegen ihrer Klugheit und Tatkraft ebenso wie wegen ihres diplomatischen Geschickes gerühmt und als „mater regnorum" – Mutter der Königreiche – bezeichnet.

Wie die bedeutenden Herrscherinnen im weltlichen Getriebe taten sich Frauen in Stiften und Klöstern auch im Geistigen hervor. Entlang der Straße der Romanik finden sich insbesondere im Harzumland zahlreiche derartige Einrichtungen. Für das Gesellschaftsgefüge des Mittelalters er-

especially true of Adelheid (931–999) who was later canonized. As the wife of Otto the Great she was known as 'mater regnorum' (Mother of the kingdoms) in recognition of her intelligence and vigour, as well as her diplomatic skills.

Apart from these sovereign women, whose domain was that of worldly business, those in convents and religious institutes were otherwise spiritually active. Countless facili-

Blick nach Osten in die Krypta des Merseburger Domes, eine der ältesten rein erhaltenen Hallenkrypten des mitteldeutschen Raumes.

View to the east in the Merseburg Cathedral's crypt, one of the oldest maintained hall crypts in the central German area.

Grabplatte Rudolfs von Schwaben – die wohl älteste erhaltene Bronzegussplatte mit figürlicher Darstellung (Ende des 11. Jahrhunderts).

Rudolf from Swabia's grave ledger - the oldest preserved bronze cast slab from the end of the 11th century.

weisen sie sich im Rückblick als Orte der Emanzipation, so verwunderlich das auch klingen mag. War hier doch wie nirgendwo sonst die Möglichkeit zu eigenständiger weiblicher Existenz gegeben. Als Alternative zur Lebensform der Ehe boten sich ihnen in diesen gesicherten Mauern Unabhängigkeit, Versorgung, Bildung und die Muse für geistige Beschäftigung. Nur legten Stiftsdamen im Unterschied zu Nonnen meist kein Gelübde ab und konnten damit über Vermögen verfügen oder auch das Stift verlassen und heiraten.

ties erected for these purposes can be discovered along the Romanesque Route, especially on land around the Harz mountains. When considering the social fabric of the Middle-Ages, these places prove to have been home to emancipation, incredible as it may seem. Here, as nowhere else it was possibility for females to lead a self-reliant and independent existence. As an alternative to married life the women were

Merseburg, Portal der Neumarktkirche St. Thomas mit seiner bemerkenswerten Knotensäule.

Merseburg, entrance to the St Thomas Neumarkt Church, showing its remarkable columns.

Merseburg, Blick aus dem Chorquadrat der St. Thomaskirche in Richtung zur Empore, 1825/26 erfolgte der Abriss des nördlichen Seitenschiffes, wegen des ständigen Saalehochwassers wurde der Fußboden mehrfach aufgeschüttet.

Merseburg, view from the chancel square towards the gallery in the St Thomas Church. The northern side aisle was demolished in 1825/26, due to the Saale River's high waters the floor was raised several times.

Merseburg, Neumarktkirche St. Thomas, 1188 in der Form einer kreuzförmigen Basilika errichtet und dem heiligen Thomas Becket von Canterbury geweiht, Blick in das Mittelschiff in Richtung Osten.

Merseberg, St Thomas Neumarkt Church, erected in 1188 as a cross-formed basilica and dedicated to the holy St. Thomas Beckett from Canterbury. View eastwards through the central nave.

Die Werke der frommen starken Klosterfrauen berühren uns bis heute. Die Schriften der Hroswitha von Gandersheim (um 935 bis um 980) etwa, die mit ihren in lateinische Verse gebrachten Heiligenlegenden als erste dramatische Poetin in Deutschland gilt und zugleich in ihrer Chronik „Gesta Ottonis" über die Taten Ottos des Großen berichtete. Oder die rund dreihundert Jahre später entstandenen Offenbarungen der Mystikerinnen. Mechthild von Magdeburg (um 1212–1283) schuf im ursprünglich romanischen Ciestercienserinnen-Kloster Helfta inbrünstige Visionen von hoher Gestaltungskraft. Ein Minnesang der Gottessehnsucht, der in ihrem Epos „Das fließende Licht der Gottheit" zu dem Schluss führt „Denn es ist nichts so weise, noch so heilig, noch so schön, noch so stark, noch so vollkommen – wie die Liebe." In etwa dieser Zeit beschwor Gertrud von Helfta (1256–1302) „die Schönheit der Welt … in völliger Freiheit und im Genuss der Stille ringsumher, in der man Ruhe findet vom Treiben des Tages."

In jüngster Zeit ist in dem über Jahrhunderte dem Verfall preisgegebenen und zeitweise vermeintlich aufgegebenen Kloster vor den Toren von Eisleben mit Ordensfrauen

offered independence, support, education and the imperatives for a spiritual occupation, within these protective walls. These women, as a contrast to nuns, did not take vows and could therefore preside over their own capital or leave the institute and marry when wished.

The works of these devout convent women still touch us to this day. For example, the writings of Hroswitha von Gandersheim (ca. 935–980). Her Latin verse illustrating the lives of saints made her the first dramatic poetess in Germany and her chronicle 'Gesta Ottonis' describing Otto the Great's deeds, was also of import. 300 years later the revelations of the mystics emerged. Mechthild von Magdeburg (1212–1283) created ardent visions of highly creative power in the originally Romanesque Helfta Convent. A mines sang about the longing for God, which in her epos 'The flowing light of Divinity', concluded with these following words: 'Nothing is so wise, nor holy, so beautiful, nor strong, nor perfect- as love'. At around the same time Gertrud von Helfta (1256–1302) wrote, 'the beauty of the world … in absolute freedom and enjoyment of the surrounding peace, in which tranquillity is found away from daily bustle'.

The convent outside Eisleben's gates, which had declined over centuries and had been given up over time, has

Naumburg, Dom St. Peter und Paul, Blick in das Langhaus auf den Westlettner – einem der bedeutendsten Werke der mittelalterlichen Architektur und Skulptur, hervorzuheben hier die Laubkapitelle eine der vollendetsten künstlerischen Leistung dieser Zeit.

Naumburg, St Peter and Paul Cathedral. A view of the west choir screen inside the long house which is one of the most significant Medieval architectural and works, especially the foliage capital, one of the most exceptional artistic achievements from the era.

Gegenüberliegende Seite: Naumburg, Dom St. Peter und Paul, Ansicht von Südosten, der ursprüngliche frühromanische Bau wurde zu Beginn des 13. Jahrhunderts durch einen Neubau ersetzt, 1210 Baubeginn einer dreischiffigen, doppelchörigen Basilika mit zwei Turmpaaren, bereits 1242 wurde das Langhaus und die östlichen Teile geweiht, während des Baues Übergang zu gotischen Bauformen.

Opposite page: Naumburg, the St Peter and Paul Cathedral viewed from the south-east. The original early-Romanesque building was replaced by a new construction at the beginning of the 13th century. In 1210 work started on a three nave, double chancel basilica with two pairs of towers. The long house and the eastern section were consecrated in 1242, during the transition to Gothic building forms.

und heftiger Bautätigkeit neues Leben eingezogen. Auch Verse entstehen wieder. Wie eine Antwort als heutige Entsprechung einer großen Tradition lesen sich die Worte von Äbtissin Assumpta: „O schöne Landschaft, wecke doch in meinem Herzen fernen Widerschein deiner Schönheit."

Vergangenheit und Gegenwart begegnen und durchdringen sich. Vor diesem Hintergrund erleben wir die Spuren der lebendigen Geschichte auf der Straße der Romanik. Im gesamten Gebiet zwischen Harz und Elbe. Da, wo Heinrich

recently been revived with construction activity and the reintroduction of nuns of the order. Poetry and verse are also re-emerging. As if in reply to present correspondence with that great tradition, these words can be considered from the abbess Assumpta 'Oh beautiful landscape, awaken in the my heart the distant glow of your beauty'.

Past and present encounter and pervade each other. With this background, traces of vivid history can be experienced on the Romanesque trail in the entire area between

Gegenüberliegende Seite: Naumburg, Dom St. Peter und Paul, Ansicht in Richtung romanischer Ostlettner.

Opposite page: Naumburg, the St Peter and Paul Cathedral. View towards the Romanesque east choir screen.

Naumburg, Blick in die 1170 nachträglich eingefügte Krypta der ursprünglichen Domanlage.

Naumburg, the crypt was a late addition to the original cathedral site in 1170.

und seine Nachfolger herrschten, deren Macht fest verbunden war mit dem von Otto dem Großen zur Hauptresidenz erhobenen Erzbischofssitz Magdeburg als Herrschaftszentrum, wie mit dem Land an Elbe, Saale und Unstrut mit seinen Kirchen, Klöstern und Burgen. Romanik auf Schritt und Tritt.

Eine spannende Spurensuche auch deshalb, weil ursprünglich Romanisches vielfach über die Jahrhunderte durch Nutzung und Erweiterung inzwischen mit Merkmalen der folgenden Epochen verschmolz. Wobei – im Gegensatz zum heute oftmals angewand-

the Harz and the Elbe. There, where Heinrich and his successors ruled and who's power was tightly linked to the Archbishop's seat Magdeburg (which had been so ordained by Otto the Great and made main residence of the rulers), as well as the land around and the Elbe, Saale and Unstrut with it's churches, monasteries and fortified castles. There are reminders of the Romanesque era at every turn.

It is captivating to trace the original Romanesque structures, as they have been fused with features of the following epochs through use and expansion

Stifterfiguren Ekkehard II. und Uta von Ballenstedt im Westchor des Domes.

Figures of the founders Ekkehard II and Utta from Ballenstedt in the cathedral's west chancel.

Blick auf den romanischen Ostlettner des Naumburger Domes – ältestes erhaltenes Beispiel eines Krypten-Hallenlettners.

The Romanesque east choir screen in the Naumburg Cathderal is one of the oldest examples of a crypt hall choir screen to have been preserved.

ten puristisch-denkmalpflegerischen Reinheitsdiktum – der praktischem Gebrauch folgende Stilmix aus Romanik, Gotik, Renaissance und Barock bis hin zu noch jüngeren Einflüssen uns die Kirchen, Klöster und Burgen keineswegs als Ergebnis eklektizistischer Bausünden, sondern als harmonische Gesamtkunstwerke gelebter Geschichte erscheinen lässt.

Eines fügt sich zum anderen, erzählt von seiner jeweiligen Zeit, von den Brüchen, wohl aber auch von dem, was uns verbindet. Mancherorts ist ganz wunderbar wieder ans Licht gekommen, was im Lauf der Jahrhunderte verschwunden war, so wie die großartigen Wandmalereien in der Dorf-

over centuries. Among these multiple styles are Romanesque, Gothic, Renaissance and Baroque. More recent influences are also present but this eclectic mix should by no means be considered a crime. The overall effect is harmonious and the variety of style adds many historical facets to the venerable structure. This is thought-provoking in view of today's monument preservation. This is apparent in the churches, monasteries and fortified castles where one epoch complies with another and tells of it's own time; the breaks, but also of the unity.

Gegenüberliegende Seite: Freyburg, die Neuenburg über den Weinhängen des Unstruttales.

Opposite page: Freyburg, the Neuenburg is located above the Unstrut Valley's wine terraces.

Freyburg, spätromanischer Rundturm der Neuenburg – genannt der „Dicke Wilhelm".

Freyburg, the Neuenburg's (New castle fort) late-Romanesque round tower, called "Dicke Wilhelm" ('Fat William').

kirche von Pretzien. In anderen uralten Darstellungen empfinden wir ein manchmal verblüffend enges Band zu ganz heutigen Auffassungen, wie etwa bei der kleinen Skulptur aus dem Quedlinburger Domschatz, die den heiligen Laurentius bei seinem Märtyrertod auf dem Rost zeigt. In ihrer abstrahierenden Verknappung wirkt sie wie gerade erst und nicht schon vor mehr als tausend Jahren geschaffen. Beziehungsvoll und spannungsreich treffen uns solche Botschaften aus der Vergangenheit, eine nachhaltige Erinnerung an die Wurzeln.

In some places, work which had disappeared through the centuries has been wonderfully brought to light, such as the mural paintings in the Pretzien village church. In other ancient portrayals parallels to today's interpretations can be perceived, as with the small sculpture from the Quedlinburg cathedral treasury, which depicts St. Laurentius dying as a martyr. In it's abstract scarceness the impression is made that it was newly created and not that it was sculpted over a thousand years ago. These messages from the past are allusive and exciting lingering memories of their origin.

Freyburg, Obergeschoss der Doppelkapelle der Neuenburg, bemerkenswert die Zackenbögen welche an maurische Bauformen erinnern.

Freyburg, the upper floor in the Neuenburg castle fort's double chapel. The remarkable arches are reminiscent of Moorish structural forms.

Gleichfalls spannend ist die Erkundung auch für den an Geschichte und Kunst interessierten Laien durch den Reichtum an Varietäten und regionalen Besonderheiten, die romanische Kunst zwischen Harz und Fläming aufzuweisen hat. Die Architektur der Romanik setzte im Kirchenbau gleichsam die Tempelanlagen der Antike in Mitteleuropa nach römischem Vorbild um. Die Basilika war vorherrschender Bautyp, der strengen mathematischen Gesetzen folgte. So ist das Quadrat der Vierung die Maßeinheit für den Grundriss. Gleiche Größe wie das Vierungsquadrat hatten das Quadrat des Chores und die der Querschiffe. Auch das Mittelschiff bildete sich aus mehreren Quadraten.

Die diesem quadratischen Schematismus verpflichtete Konstruktion von Räumen und Dächern folgte wie die charakteristisch von Rundbogen überspannten Tür- und Fensteröffnungen den zeitgemäßen technologischen Notwendigkeiten und Möglichkeiten wie auch dem Gebot nach Sicherheit und Halt. Die Wölbung wird durch ein Stütze bietendes Gegeneinanderfügen gemauerter Bögen erzielt. Der Bogen fängt den Druck des darauf getürmten Gewölbes ab, was eine stabile, relativ weiträumige Bebauung ermöglicht. Die gegeneinander gelehnten Rundungen leisten statische Dienste, vermindern die Einsturzgefahr. Dabei griffen die findigen Baukünstler schon sehr frühzeitig auf die aus dem Alltag längst bekannte Spannung der Tonne zurück. So ist das so genannte Tonnengewölbe, dessen Rundform sich an Türen und Fensteröffnungen wiederholt, auch variiert wird, eine weitere typische Eigenart der Romanik.

Ein geradezu vollkommenes Beispiel dafür bietet der Nordflügel des ehemaligen Klosters Unser Lieben Frauen in Magdeburg. Mit seinem dreigeschossigen tonnengewölbten Refektorium zählt das zwischen 1063 und 1078 errichtete und heute als Museum genutzte einstige Kloster der Prämonstratensermönche zu den bedeutendsten romanischen Anlagen Deutschlands überhaupt.

Bewundernswert, wie die Baumeister jener frühmittelalterlichen Zeiten unter den nicht nur wegen der beschränkten technologischen Möglichkeiten schwierigen Bedingungen in weiten Räumen der Kirchen und Klöster mit komplizierten

Freyburg, Untergeschoss der Doppelkapelle mit deren Bau Ende des 12. Jahrhunderts begonnen wurde.

Freyburg, lower floor in the double chapel. Building commenced at the beginning of the 12th century.

The exploration of the wealth of variable and regional characteristics is fascinating for those interested in history and art, which the Romanesque art, found between Harz and Fläming, can voucher for. The Romanesque architects followed the Roman example of antique temple structures in central Europe and applied this knowledge to church construction. The dominant building style was the basilica, which followed rigid mathematical rules. Thus, the square formed on the intersection is the unit of measurement for the ground plan. The chancel and the transept were equal in size to the intersection square.

The nave was also comprised of several squares. The quadratic scheme of the rooms and roofs took on the current technological requirements and possibilities of that time as did the characteristic arched doors and windows. Safety and support were the priorities. The vaults required supports and this was achieved with antagonistic arches. The arch takes the pressure of the piled on vaults, which allowed for the building of stable, relatively spacious constructions. These curves which lean against each other accomplish a sturdy structure, which reduces the danger of collapse. The inventive building engineers grasped the theory of the everyday stress-bearing barrel (container) very early on. So that the so-called barrel vaults, the form of which is echoed in doorways and windows, are a further typical Romanesque peculiarity.

A virtually perfect example of the afore-mentioned construction is offered in the north wing of the former Monastery of Our Lady in Magdeburg. With its three storey, barrel vaulted refectory, which was erected between 1063 and 1078, it counts as one of the most important Romanesque sites in Germany. It was formerly used by the Premonstratensian monks and presently functions as a museum.

It is admirable how these building masters from the early Medieval years managed to experiment with complex roof

Zeitz, Blick durch das Torgebäude der Moritzburg auf den Dom St. Peter und Paul.

Zeitz, view of the St Peter and Paul Cathedral through he Moritz Castle Fort's gate houses.

Zeitz, ottonische Krypta des Domes St. Peter und Paul, lediglich die Wölbungen wurden im 12. Jahrhundert erneuert.

Zeitz, the Ottonian crypt in the St Peter and Paul Cathedral. The arches were renewed in the 12th century.

Dachkonstruktionen experimentierten. Das Kreuz war der prägende Grundriss. Seine Form stellte die Erbauer vor die Aufgabe, die Wölbungen zu gliedern. Im optischen Mittelfeld des Gotteshauses stießen die Gewölbe aufeinander. So entwickelte sich schon im 11. Jahrhundert das Kreuzgratgewölbe aus zwei sich rechtwinklig durchdringenden Tonnen. Was zunächst technisch bestimmt war, wurde zu einem dekorativen Element. Das hat sich im gesamten Kirchenbau des Mittelalters fortgesetzt. In guter Erhaltung beispielsweise zu erleben in der nach 1200 errichteten Pfeilerbasilika des Benediktiner-Nonnenklosters im altmärkischen Arendsee.

Ein fünfschiffiges Kreuzgratgewölbe findet sich in der Krypta des ehemaligen Benediktiner-Klosters Konradsburg. Neben diesem einzigartigen Zeugnis der romanischen Baukunst begegnet man dort auch einer für unsere Region beispielhaften Konstruktion, dem Stützenwechsel. Die durch die Rundbögen erzielte Wölbung war nur durch eine zusätzliche Stabilisierung zu bewerkstelligen. Der statische Zwang ging einher mit dem Bestreben, Raum für eine möglichst große Gemeinde zu schaffen. So kam man auf die auch ästhetisch überzeugende Lösung, wirklich tragende Pfeiler im Wechsel mit Säulen zu errichten, modifiziert im so genannten sächsischen Stützenwechsel (Pfeiler – Säule – Säule). Die Pfeiler hatten die Gewölbelast aufzufangen, die Säulen, mit ornamental oder figürlich verzierten Kapitellen als schmü-

constructions over large-area rooms in churches and monasteries, despite the difficult conditions and limited technology. The layout was characterised by the cross form. The builders were assigned to deploy vaults. The vaults clash with each other in the churches optical centre field. Groined vaults were developed in this way in the 11th century; two right angled barrels penetrating one another. This technical regulation was to become a decorative element, which continued in church construction throughout the Middle-Ages. A well preserved example remains in the pillar basilica (dated post-1200 A.D.), part of the Benedictine convent in Arendsee.

A five-nave groined vault is located in the crypt in the Benedictine monastery, Konradsburg. Apart from this unique architectural record, another exemplary construction, the Stützenwechsel (alternated supports), can be found in this region. The construction of the vaults, which were attained by using round arches, could only be managed by applying extra stabilization. This structural trait went along with the attempt to create space for a possibly large congregation. The Romanesque building masters constantly accompanied the Christian conversion mission with their creations and the result was beautiful. The aesthetic solution to alternate supporting pillars with decorative columns, resulted in the modified, so-called Saxon Stützenwechsel (pillar-column-

Zeitz, Blick in den durch gotische Umbauten geprägten Dom mit seiner barocken Ausstattung.

Zeitz, view into the cathedral which is characterised by its Gothic conversions and Baroque installations.

ckendem Abschluss, dienten der inneren Absicherung der Räume. Eine Erfindung mit psychologischer Dimension: Die Pfeiler stehen Vertrauen erweckend fest und sicher in den Hallen der Kirchen und Klöster, auch in den Burgen. Die leichteren Säulen hielten Querschub aus. Eine gleichzeitig harmonische und dynamische Konstellation.

Auch für den Stützenwechsel lassen sich auf der Straße der Romanik zahlreiche prägnante Sachzeugen finden. Eindrucksvoll auch als Beispiel für die manchmal zweigeschos-

column). The pillars carried the load of the vaults, whereas the columns had ornamental or sculpted capitals as a decorative conclusion and served the interior safety of the rooms. The invention also conveys a psychological dimension: The pillars awaken trust and stand solid and secure in the church and monastery halls as well as in castle forts. The lighter columns take the lateral strain.

This results in a harmonious and dynamic constellation. Countless examples of these alternated supports can be dis-

Gegenüberliegende Seite: Schulpforte, Langhaus der ehemaligen Klosterkirche in Richtung Osten, Baubeginn 1136/37, der Bau zeigt in seinen Proportionen noch die romanischen Ursprünge, ist aber von den gotischen Veränderungen im 13. Jahrhundert geprägt.

Opposite page: Schulpforte, long house in the former monastery church to the east. Construction began in 1136/37. The building's Romanesque origins are indicated through the proportions, but is stamped with Gothic alterations made in the 13th century.

Schulpforte, südlicher Teil des Kreuzganges des ehemaligen Zisterzienserklosters Sancta Maria ad Portam.

Schulpforte, southern section of the cloisters in the former Cistercian monastery Sancta Maria ad Portum.

sig errichteten Burgkirchen ist die um 1170 errichtete Doppelkapelle St. Crucis in Landsberg bei Halle. Durch ihren Standort auf einem Hügel war der für ihren Bau vorgegebene Grundriss relativ begrenzt. Die statischen Voraussetzungen für die Gestaltung des Innenraums wurden dabei für einen besonders markanten Wechsel zwischen Pfeilern und Säulen genutzt. Dabei fielen die Stützen im unteren, für das Gesinde gedachten Andachtsraum kräftiger aus als in der oberen Herrschaftskapelle.

Hinweise auf das soziale Gefüge des Mittelalters finden sich in zahlreichen Kirchenbauten. Die Andacht sollte alle Gläubigen unter einem Dach vereinen,

covered along the route which follows the Romanesque period. An impressive example of the sometimes two storey castle churches is found in the St Crucis double chapel, which was erected in 1170 A.D. in Landsberg near Halle. The church stands on a hill, therefore a considerably small area was provided for the ground plan. For the inner spaces a particularly striking alternation between pillars and columns was created due to the structural prerequisites. The supports in the lower chapel, which was used for religious services turned out to be larger than those in the upper chapel (the chapel for the sovereignty).

Schulpforte, Blick in das nördliche Seitenschiff der Klosterkirche.

Schulpforte, view into the monastery church's northern aisle.

Rudelsburg unweit von Bad Kösen auf einem Kalkfelsen über der Saale gelegen, 1171 erstmals erwähnt, im 30-jährigen Krieg ausgebrannt und verwüstet, rechts im Hintergrund Burg Saaleck.

Rudelsburg, not far from Bad Kösen. Situated on a limestone crag, overlooking the Saale River. Its existence was first recorded in 1171 and it was burnt down and thus desolate during the Thirty Year War. Burg Saaleck (Castle Saaleck) is pictured in the background to the right.

Burg Saaleck, in Verbindung mit der Rudelsburg Sperrburg des an dieser Stelle verengten Saaltales.

Burg Saaleck, in connection with the Rudelsburg Sperrburg which lies on this part of the narrowed Saale Valley.

unterschieden jedoch nach dem Stand. Emporen trennten die Herrschenden von der Allgemeinheit, Chorschranken den Klerus von den Laien.

Letzteres kam als Charakteristikum mit der so genannten Hirsauer Bauschule in unsere Region. Sie beruht auf dem Vorbild der burgundischen Benediktinerabtei Cluny, die mit strengen Regeln der Askese das Mönchtum wieder auf seine Ursprünge zurückzuführen suchte und diesem reformerischen Anliegen in seinen Bauten Ausdruck gab. Die Mönche des Schwarzwaldklosters Hirsau folgten dieser strengen

Clues to the social fabric of the Middle-Ages are found in the numerous church buildings. The religious services were supposed to unite all believers under one roof, although a distinction was made between different social standing. Galleries separated the sovereignty from the general public and choir gates the clergy from the laymen.

The latter was a characteristic adopted after the arrival of the so-called Hirsauer building doctrine in this region. It touches on the example of the Burgundy Benedictine Abbey of Cluny. The strict rules of ascetics were an attempt to lead

Bad Kösen, Romanisches Haus, langgestreckter, eingeschossiger Bau vom Anfang des 12. Jahrhunderts.

Bad Kösen, Romanesque house. Extensive, one-storey structure dating back to the beginning of the 12th century.

Cluniazenserregel und verpönten die von anderen Orden betriebene gestalterische Ausschmückung durch Werke der Bildhauerei oder Ausmalung ganz und gar. Die von diesem Geist ergriffenen Baumeister gestalteten ihre Sakralbauten bewusst schlicht, ließen Linien, Räume und Steine sprechen. Wie etwa in den frühesten Bauten des heute als Musikzentrum genutzten Klosters Michaelstein bei Blankenburg am Harz. Als bedeutendstes Beispiel der Hirsauer Schule im Vorharzgebiet gilt die dreischiffige Säulenbasilika der Kirche des vermutlich 1107 gegründeten Augustiner-Chorherren-

the monk hood back to its original state and this agenda for reform was expressed in their buildings. The monks from the Black Forest Monastery in Hirsau followed these rigid rules and scorned the decorative and sculptural installations favoured by other orders. The building masters, spirited by this, styled their sacred constructions in a consciously simple manner, allowing line, space and stone to speak for themselves. This is true of one of the earliest constructions, the Michaelstein Monastery near Blankenburg, which is presently used as a music centre. The three-nave column basilica, St Pankratius,

Gegenüberliegende Seite: Eckartsberga, 998 errichtete Markgraf Ekkehard I. von Meißen die nach ihm benannte Burg.

Opposite page: Eckartsberga, in 988 Margrave Ekkehard I. from Meißen erected this castle fort, which was named after him.

Abseits von der Straße der Romanik: Apsis der romanischen Dorfkirche in Steinbach, einem Schulwerk der Naumburger Dombauhütte.

Off the Romanesque Route: The apse in the Romanesque village church in Steinbach.

stifts St.Pankratius in Hamersleben. Auch zahlreiche Dorfkirchen lassen das schlichte Bauschema der Hirsauer Schule klar erkennen.

Die strenge Würde dieser Bauweise dient gleichermaßen dem Ruhme des christlichen Gottes wie andernorts die Ausschmückung mit Werken der Bildhauerkunst, die angesichts der insgesamt verhaltenen Prachtentfaltung der Romanik vergleichsweise reich erscheint. Insbesondere die Gestaltung der Kapitelle liefert anschauliche Beispiele. Der vom lateinischen Wort für Kopf – Caput – abgeleitete obere Abschluss von Säulen und Pfeilern öffnete den Bildhauern jener Zeit ein ungemein weites und phantasieanregendes Feld für Ausdruck, Symbol und künstlerisches Experiment. Das romanische Kapitell als konstruktive Verbindung zwischen Stütze und Rundbogen bot mit den Grundformen von Würfel, Kelch oder Pilz dafür entsprechenden Raum. Neben rein ornamentalen oder floralen Verzierungen finden sich höchst eindrucksvolle figürliche Darstellungen, ganze dramatische Szenerien. Die namentlich meist nicht bekannten Bildhauer der Romanik griffen etwa mit der Darstellung von Heiligen und Teufeln auf die Vorstellungswelt ihrer Gegenwart zurück, die die Gläubigen symbolhaft mit Erlösung oder Verdammnis konfrontierten.

in Hamersleben (home to the Augustine canons' institution) is an important example of the Hirsau school building style, which is supposed to have been built in 1107 A.D. The simple Hirsau style is present in countless village churches.

The severe dignity shown in these constructions served the glory of the Christian God, as did the decorative brilliance of other churches, which seemed wealthy in comparison to the otherwise restrained and sober displays of splendour common in Romanesque architecture. The capitals are particularly clear examples. The term is derived from the Latin word for head (caput). The capitals at the ends of the columns and pillars gave the sculptors a wide scope and triggered their imagination, which was expressed with symbols and artistic experiments. The Romanesque capitals created a constructive connection between the supports and round arches. Basic forms were cubes and mushroom shapes. Impressively figured interpretations are found, depicting entire dramatic scenes beside purely ornamental or floral adornments. The mostly unknown sculptors of the Romanesque period generally harked to the stories of saints and devils, symbolically confronting believers with redemption or damnation.

Memleben, die Krypta ist der einzige vollständig erhaltene Teil des ehemaligen Benediktinerklosters St. Marien.

Memleben, the crypt is the only fully preserved section of St Marien, the former Benedictine monastery.

Sprechende Steine, die den des Lesens nicht kundigen Gläubigen die Gedanken- und Erlebenswelt des Christentums ganz augenscheinlich nahe brachten. Mit starkem Ausdruck, gelegentlich nahezu vordergründig expressiv. Dazu bietet die Entdeckungsreise zur mitteldeutschen Romanik bemerkenswerte Beispiele der Bildhauerkunst. Wobei das Mittelalter die uns heute geläufige Eigenständigkeit der verschiedenen Kunstgattungen nicht kannte. Jegliche künstlerische Gestaltung war der Architektur untergeordnet. Auch

These stones 'told' of the thoughts and the events in the world of Christianity, so that the illiterate could also partake. They were greatly expressive and often almost naïve. The journey of discovery in Romanesque central Germany uncovers remarkable examples of sculptural art. In the Middle-Ages there was no differentiation between the various Arts and therefore these artful creations were categorised under architecture. At first the sculptures were installed in obvious places in the buildings, such as the portal and

Memleben, die heute malerische Ruine war seinerzeit eine bedeutende Pfalz der Ottonen, 936 starb hier Heinrich I., 973 sein Sohn Kaiser Otto der Große, danach Stiftung der Benediktinerabtei durch dessen Sohn Otto II.

Memleben, today's picturesque ruin was once an important palatinate for the Ottonian dynasty; Heinrich I. died here in 936, followed by his son Otto the Great in 983. Later Otto II. established the Benedictine Abbey here.

die Werke der Bildhauer erhielten ihren Platz zunächst nur an markanten Stellen der Bauten wie etwa am Portal oder an den Säulenkapitellen. Später brachte man Skulpturen auch im Altarraum an. In den Krypten wurden die Grabmale der dort beigesetzten Stifter und Kirchenfürsten oft mit plastischen Darstellungen versehen.

Der so signifikant gotische Magdeburger Dom, dessen Ursprünge bis in den Anfang des 9. Jahrhunderts zurückgehen und der seit 968 als Kathedrale des Erzbistums Magdeburg quasi das architektonische Bollwerk des mit der weiteren Christianisierung Richtung Osten zielenden Reiches verkörperte, birgt wesentliche Ausstattungsteile aus ottonischer

column capitals. Later they were also admitted placement in the chancel. The tombs of the deceased founders and church principality in the crypt were often decorated with sculptural depictions.

The extremely significant Magdeburger Dom (Cathedral), which dates back to the beginning of the 9th century and which has been cathedral of the Magdeburg Archbishopric since 968, embodies the bulwark of the empire's conversion to Christianity in the east. It holds many furnishings origi-

Querfurt, seit dem 10.Jahrhundert war die Burg Stammsitz der Grafen von Querfurt, heute prägt sie mit ihren drei mächtigen Türmen und ihren zwei Ringmauern das Bild der Stadt.

Querfurt, the castle was the ancestral seat for the Querfurt Counts since the 10th century. Today, the building's three large towers and Two ring walls dominate the town's scenery.

Gegenüberliegende Seite: Panorama der Stadt Querfurt mit seiner Burganlage von Westen.

Opposite page: Panorama of Querfurt, including the castle site, taken from the west.

Zeit. Sie lassen wie im Zeitraffer Formen und Wandlungen der plastischen Gestaltung in der Romanik für den Betrachter erlebbar werden. Den in seiner originalen Form aus dem Jahr 973 erhaltenen Sarkophag Ottos I. im Hohen Chor deckt eine schlichte, antikem Vorbild verpflichtete Marmorplatte. Beim so genannten Osterleuchter vor dem Hauptaltar, der um 1170 aus einer antiken Säule gearbeitet wurde, ist der marmorne Schaft mit Sonnensymbolen verziert, die auf den mit der Auferstehung Christi verbundenen Sieg des Lichtes über die Finsternis, des Lebens über den Tod weisen. Die

nating from the era of the Ottonian Dynasty. They allow the observer to experience the era through the form and changes of the Romanesque sculptural features. Otto I. sarcophagus, maintained in its original form since 973 A.D., is located in the high chancel and is covered by a simple marble slab which was modelled following the antique example. The so-called Osterleuchter (Easter candelabra), is placed in front of the altar and was formed from an antique column in around 1170. Its marble shaft is decorated with sun symbols, which convey the victory of light over dark-

Querfurt, die im frühen 12. Jahrhundert entstandene Kirche mit ihrem achteckigen Turm in ihrer Ansicht von Osten.

Querfurt, view of the church (constructed in the early 12th century) and its eight cornered tower viewed from the east.

bildliche Darstellung von Personen lässt sich unter anderem vergleichen an den Bronzegrabplatten des 1152 verstorbenen Erzbischofs Friedrich von Wettin und seines Nachfolgers Wichmann von Seeburg, die etwa vier Jahrzehnte später entstand. Während die erstere in archaischer Strenge noch keine individuellen Züge aufweist, gewinnt die jüngere durch wesentlich weichere und plastischere Gestaltung einen ungleich lebendigeren Ausdruck. Die Kapitelle des Chorumgangs mit ihrer Überfülle an floralen und kreatürlichen Motiven, Dämonen und Fabeltieren, Gesichtern und menschlichen Gestalten, die Allegorien ebenso wie biblische Motive aufgreifen und ganze Geschichten erzählen, gehören zu den Kostbarkeiten spätromanischer Bildhauerkunst.

ness in connection with the resurrection of Christ and of life over death. The depiction of figures can be observed on the bronze slabs on the tombs of the deceased archbishop Friedrich von Wettin and his successor Wichmann von Seeburg, produced around forty years later. While the first tomb projects archaic severity and no individual traits, the later example makes a more vivacious impression with its softer, sculpted form. The chancel's surrounding corridor is filled with capitals depicting floral and animal motifs, demons and fabled creatures, faces and human forms, which convey allegories as well as biblical subjects and tell entire stories. These belong to the treasures of late-Romanesque sculptural art.

Querfurt, die romanische Burgkirche ist heute durch barocke Umbauten gekennzeichnet, die Ausmalung erfolgte von 1716 bis 1719 durch den Italiener Francesco Domenico Minetti.

Querfurt, the Romanesque castle fort church is characterised by its Baroque conversions, painting carried out by the Italian Francesco Domenico Minetti from 1716–1719.

Im Übergang zur Frühgotik entstand dann um 1240 die ungewöhnliche Gruppe eines sitzenden Herrscherpaares, die in der Heilig-Grab-Kapelle des Domes zu finden ist. Sehr lebensnah erscheinen beide, gelassen, fast heiter, durchaus irdisch jedenfalls. Deshalb leuchtet die gegenwärtige Annahme, dass uns dabei tatsächlich Otto I. und seine Gemahlin Editha leibhaftig gegenüber sitzen, nicht nur aus Gründen

An unusual grouping of the ruler and his consort is located in the Heilig-Grab-Kapelle (literally the Holy Grave Chapel) and was created in around 1240 during the transition to the early-Gothic style. The man and woman are depicted very realistically: Relaxed, almost cheerful and certainly of this world. This is the reason for today's theory that the pair in question is in fact Otto I. and Editha, his wife. This

größerer Popularität ein. Andere kunstgeschichtliche Meinungen deuten die Doppelplastik als Allegorie auf das himmlische Brautpaar Christus und die Kirche, da die männliche Gestalt das Symbol der Himmelssphäre in der Rechten hält, 19 Kugeln für die zwölf Sternzeichen und sieben Planeten. Diese kugelförmige Gestalt des Weltalls, die Sphaira, ist jedoch in der christlichen Ikonographie zwar Christusattribut, ihre Beigabe in abgekürzter Form kann aber auch auf den Herrschaftsanspruch der jeweiligen abgebildeten Person hindeuten. In ihrer abgekürzten Form erscheint die Sphaira als Bogen, wie ihn die Romanik zu ihrem wichtigsten Stilmittel gemacht hat.

Abseits von der Straße der Romanik: Göllingen, Reste der ehemaligen Klosterkirche St. Wiperti.

Off the Romanesque Route: Göllingen, remains of St Wiperti, the former monastery church.

is not just a matter of striving for greater popularity. Other art historical opinions suggest that the double sculpture is an allegory for the heavenly marriage of Christ and Church, because the male is holding the symbol of the celestial sphere in his right hand: 19 balls symbolising the twelve signs of the zodiac and the seven planets are imposed on it. This spherical form of the Universe, the orb, is attributed to Christ in the Christian iconography but can also be considered as the featured characters' claim of sovereignty. In its simplified form, the orb appears to be a curve. This curved form is constantly echoed in Romanesque architecture and is its most important feature.

Burg Allstedt, erste Erwähnung 840 und 899, wohl als karolingische Pfalz angelegt, bedeutsam als Aufenthaltsort deutscher Könige und Kaiser.

Burg Allstadt, its existence was first recorded in 840 and 899. First set up as a Carolingian palatinate. Became a significant royal residence for kings and emperors.

Gegenüberliegende Seite: Tilleda, Tor aus dem 12. Jahrhundert mit Blick auf den Kyffhäuser, 972 erstmals urkundlich als Königspfalz genannt, heute Freilichtmuseum.

Opposite page: Tilleda, gateway from the 12th century with a view onto the Kyffhäuser mountain. First documented as a royal palatinate in 972 and is presently an open air museum.

Klostermansfeld, ehemalige Benediktinerklosterkirche Mariae Himmelfahrt, nach 1158 als dreischiffige flachgedeckte Basilika mit kurzem durchlaufendem Querhaus errichtet, durch Zerstörungen im Bauernkrieg stark beschädigt, danach vereinfacht wieder aufgebaut.

Klostermansfeld, formerly the Mariae Himmelfahrt Benedictine Monastery Church which was erected in 1158 as a three nave, flat-roofed basilica with a short, continuous transept. Heavily damaged in the Peasants' War and later re-built in a simplified manner.

So treffen wir in der Romanik in jeder Hinsicht auf sprechende Darstellungen, wie sie uns auch in der Bildkunst begegnen. In seltenen und oft nur bruchstückhaft erhaltenen Wandmalereien und auf besonders eindrucksvolle Weise in den Bildteppichen aus dem Halberstädter Domschatz. Zu den bedeutendsten kirchlichen Kunstsammlungen zählend, umfasst er neben kostbaren Reliquien und liturgischen Geräten aus allen mittelalterlichen Epochen diese unglaublich kunstvoll gewirkten einzigartigen Zeugnisse romanischer Bildkunst.

Während in der Architektur der Romanik zunächst die erhabene Baustruktur alleiniger Mittler religiöser Kraft war,

Representations convey aspects of the Romanesque era, as does the art of painted compositions. This can be observed in rare and often merely fragmentarily preserved mural paintings and the particularly impressive tapestries, which belong to the Halberstädter Domschatz (Halberstadt cathedral treasury). Counted among the most important ecclesiastical art collections, it encompasses these incredible works of art which bear witness to the unique Romanesque creativity, as well as the precious relics and liturgical instruments from all of the Medieval periods.

During the time when the superior building structures of Romanesque architecture were the sole mediators of reli-

Klostermansfeld, Südostansicht der ehemaligen Klosterkirche Mariae Himmelfahrt, von dem mächtigen Westquerriegel mit seinen Doppeltürmen ist heute nur noch der untere Teil erhalten, barocke Turmhaube von 1739.

Klostermansfeld, view of the former Mariae Himmelfahrt Monastery Church from the south-east. Only the lower section of the enormous west transverse row structure with its double towers remains today. The Baroque tower summit dates back to 1739.

erst im Lauf der Entwicklung Plastik als Ausdrucksmittel hinzugefügt – später unter strengeren Maßstäben der Reformklosterschulen – überhaupt geduldet wurde, fand in der Bildkunst schließlich ein erweiterter Missionsauftrag seine Darstellung, in der Wandmalerei wie in Teppichen und in der Buchkunst. Die Sprache der Bilder, die die faszinierende biblische Geschichte interpretieren und vermitteln konnte. So wie die Wandbehänge aus dem Halberstädter Domschatz: Da wird auf höchst dramatische Weise erzählt, wie es Abraham in äußerstem Gottvertrauen über sich brachte, seinem Herrscher im Himmel den eigenen Sohn Isaak zu opfern. Gott belohnte diesen unbeirrbar festen Glauben

gious power and before the acceptance of sculptures as a means of expression (later strictly supervised, following the standards set by the reform monastery schools), painted compositions represented a further development on behalf of the mission. This was carried out in murals, tapestries and the illustration of books. The language of pictures. These could interpret and convey the fascinating bible story. For instance, on the wall hangings in the Halberstadt cathedral treasury: There, in a highly dramatic style, the story is told about how Abraham trusted in God so absolutely, that he was willing to sacrifice his only son Isaac as a tribute to the King in Heaven. God rewarded his unswerving belief with

Sangerhausen, Pfarrkirche St. Ulrich, errichtet auf Betreiben Ludwig des Springers, der gelobte, nach der Befreiung aus der Gefangenschaft ein Gotteshaus zu bauen, ob nach der Gefangenschaft 1073 oder 1116 in der Burg Giebichenstein ist unklar.

Sangerhausen, the St Ulrich Parish Church, commissioned by Ludwig der Springer, who vowed to build a House of God after being released from captivity. It is unclear whether this was decided after his imprisonment in 1073 or 1116 (in the Giebichenstein Castle Fort).

Gegenüberliegende Seite: Sangerhausen, Mittelschiff der Ulrichskirche in Richtung Osten, die Proportionen sowie auch der Grundriss haben einen starken Bezug zu Kirchenbauten in der Normandie und der Auvergne, bemerkenswert die Tier- und Traubenornamente entlang der Kämpferzone.

Opposite page: Sangerhausen, nave in the St Ulrich Church to the east. The proportions and ground plan are reminiscent of church construction in Normandy and Auvergne. The animal and grape ornaments are most remarkable.

durch die Offenbarung seiner Güte, nahm das Zutrauen als Tat und Bekenntnis an. Diese packenden Vorgänge um Gottergebenheit, Selbstbewusstsein und Erlöserwillen sind auf neun Metern dieser um 1160 gewirkten Bilderzählung mit unglaublicher Kunstfertigkeit und eindringlicher Gestaltungskraft nacherlebbar gemacht.

Auf anderen Bildwerken im Halberstädter Dom und andernorts treten uns Apostel und Heilige gegenüber, Illustrationen der Verkündigung der christlichen Botschaft mit Engeln und Teufeln. Oder es wird einfach Historie wiedergegeben, Religionsgeschichte, das Leben der Märtyrer. Der Heilige Mauritius spielt dabei in unserer Region eine hervorgehobene Rolle. Seine Legende stammt aus der Zeit um das Jahr 300. Damals sollen der dunkelhäutige Anführer und sämtliche Mitglieder seiner Thebaischen Legion auf Befehl des römischen Kaisers enthauptet worden sein, weil sie fest zu ihrem christlichen Gauben standen und nicht heidnischen Göttern opfern wollten.

Mauritius oder auch Moritz ist in den Städten und Gemeinden unserer Region als Schutzpatron allgegenwärtig. Mit seiner nachdenklich stimmenden Symbolik führt er uns zu sehr gegenwärtigen Gedanken auf unserer Zeitreise in die Vergangenheit. Wie die Begegnung mit der Geschichte immer auch Überlegungen provoziert, Sehnsüchte, Möglichkeiten, Hoffnungen – Nahrung für Sinne und Seele eben.

the revelation of his grace and accepted this trust as deed and profession of faith. This dramatic illustration about piety, self-confidence and redemption covers 9 metres. The pictorial narrative was made in around 1160 with incredible artistry and penetrating creative power.

Apostles and saints are portrayed in other works in the Halberstadt Cathedral and other locations, which illustrate the proclamation of the Christian Word with angels and devils. Sometimes history is related, including religious history and the lives of the martyrs. St Mauritius (St Maurice) plays an important part in this region. His legend comes from the time around 300 A.D. The dark-skinned leader and members of his Theban Legion were supposedly beheaded by order of the Roman emperor Maximianus, because they were true to their Christian faith and would not worship the pagan Gods.

Mauritius, also known as Moritz, is all pervasive in the cities and parishes of this region due to his elevation to patron saint. With his thought-provoking symbolism he leads us to topical notions and also into the past. The encounter with history always provokes considerations; longing, possibilities, hope – food for the senses and soul. It could be

So ist es vielleicht eine lässliche Anmaßung, mit dem Gedanken zu spielen, dass die Straße der Romanik in Anlehnung an das religiöse Vorbild des Jacobsweges, der durchaus nicht nur katholisch Gläubigen weltweit als Weg der großen Sehnsucht gilt, auf ihre Weise zu einem ganz weltlichen Weg der kleinen Sehnsucht werden kann.

Wie eine Acht schlängelt sich die touristische Straße der Romanik durch Sachsen-Anhalt. In Nord-Süd-Richtung zwischen Arendsee und Zeitz, westöstlich hat sie ihre äußersten Bastionen in Osterwieck und Loburg. Entlang von Elbe und Saale, deren Flussläufe zur Ottonenzeit die natürliche Demarkation zu den östlich gelegenen slawischen Territorien und damit die Glaubensgrenze zwischen Christen und Heidentum markierten, reihen sich wie an einer Perlenschnur vor allem mächtige Kathedralen und trutzig-wehrhafte Dorfkirchen als unübersehbare Zeichen der Macht an der Heidengrenze. In den Harzrandgebieten und zur Unstrut hin treffen wir dazu vermehrt auf Klöster, in denen die Sendboten des Christentums geistige und wirtschaftliche Heimstatt hatten. Im Zentrum steht Magdeburg, das Machtzentrum des Ottonenreiches. Von der früheren Kaiser- und heutigen Landeshauptstadt Sachsen-Anhalts aus die Spurensuche zu beginnen, ist eine mögliche Empfehlung.

Ballenstedt, Reste des Benediktinerklosters St. Pankratius und Abandus wurden beim Bau des Schlosses im 18. Jahrhundert mit einbezogen.

Ballenstedt, the remains of the St Pankratius and Abandus Benedictine Monastery were drawn into the 18th century castle construction.

Ballenstedt, Grablege Albrechts des Bären und seiner Gemahlin Sophie.

Ballenstedt, Albert the Bear and his wife Sophie's graves.

pardonable to claim that the Romanesque trail is comparable with the Jakobsweg and its religious example, which is not only of importance for those of Catholic faith.

The tourist's Romanesque route is laid out like a figure of eight through Saxony-Anhalt. Its outer bastions are in Osterwieck and Loburg. A chain of immense cathedrals and fortified village churches are located along the Elbe and Saale. The rivers were once the natural border, separating the heathen Slavs from Christian territory and the cathedrals and churches were a symbol of power. There is a considerable number of monasteries in the area around the Harz and the Unstrut, which were home, both spiritually and economically to Christianity's messengers. Magdeburg is situated in the centre. It was the centre of power for the Ottonian Empire. It is suggestible to start out on the historical trail from this former imperial city, today's regional capital of Saxony-Anhalt.

Burg Falkenstein, erbaut 1120 bis 1150 von den Edelherren der Konradsburg, die sich seitdem Grafen von Falkenstein nannten.

Burg Falkenstein (Falkenstein Castle Fort), constructed during the period from 1120-1150 and commissioned by the Konradsburg nobility who named themselves the Counts of Falkenstein after its completion.

Weithin sichtbar erhebt sich der Magdeburger Dom über der Elbe. Besonders im abendlichen Gegenlicht wirkt das gewaltige Gotteshaus, größter Sakralbau im östlichen Deutschland, wie von einer Gloriole umgeben. Die an der Stelle der im Jahre 1207 abgebrannten ottonischen Basilika in über dreihundertjähriger Bauzeit errichtete Kathedrale ist der erste im Grundriss gotisch konzipierte Dom in Deutschland. Dabei verkörpert er im Inneren wie im Äußeren einen harmonischen Übergang von der späten Romanik zur frühen Gotik. Sein imposanter Anblick lässt fast vergessen, welche gewaltigen Schäden aus dem letzten Krieg noch immer zu bewältigen sind in der Stadt, die einst der Lieblingssitz Ottos des Großen war, sein „Roma nova", das er seiner ersten Gemahlin Edith zur Morgengabe und 968 zum Erzbischofs-

The Magdeburger Dom (Magdeburg Cathedral) rears up over the Elbe and is visible from afar. In the evening light the massive construction (the largest sacred building in eastern Germany) appears to be surrounded by a halo. The cathedral, which was constructed over a period of 300 years, was erected on the site of the former Ottonian Basilica which burnt down in 1207. It was the first cathedral to have been conceived with a Gothic ground plan in Germany. The interior embodies the harmonious transmission from the late-Romanesque style to early-Gothic, as does the exterior. Its impressive appearance makes it almost possible to forget the terrible damage inflicted during the last World War. The city was once the favourite residence of Otto the Great (his 'Roma nova'). He presented it to his first wife Editha as a gift

sitz gemacht hatte. Das Kaiserpaar ist in dem St. Mauritius und St. Katharina gewidmeten Dom gegenwärtig mit der schlichten Grablege des Kaisers und einem Grabmal für Editha, die in Mainz ihre letzte Ruhestätte hat, sowie ja höchstwahrscheinlich in Gestalt des um 1240 entstandenen steinernen Herrscherpaares in der Heilig-Grab-Kapelle. Das 120 Meter lange und 32 Meter in die Höhe ragende Kirchenschiff präsentiert sich nach Reformation, Kriegen und Restaurierungen in heller Steinsichtigkeit, entkleidet der im Mittelalter auch farb-

and appointed it the archbishop's seat in 968. The ruler and his consort are remembered in the cathedral, which is dedicated to St Mauritius and St Katharine. Otto's simple burial place and Editha's monumental tomb, who's last resting place was in Mainz, are present in the Heilig-Grab-Kapelle (Chapel of the Holy Graves). As is the sculpture, dating back to 1240, which is very probably a likeness of the ruling couple. The nave is 120 metres long and 32 metres high. It presents itself with clear renovated surfaces having

Ermsleben, ehemalige Benediktinerklosterkirche der Konradsburg.

Ermsleben, the former Benedictine monastery church in the Konradsburg (Konrads Castle Fort).

Gegenüberliegende Seite: Ermsleben, Krypta der ehemaligen Klosterkirche, bemerkenswert hier die Formenvielfalt der Kapitelle mit ihrer üppigen Ranken- und Blattstengelornamentik, vermutlich französisch-rheinischer Einfluss.

Opposite page: Ermsleben, crypt in the former monastery church. The variety in the form of capital decorations is remarkable with their rich tendril and leaf ornamentations, probably influenced by the French-Rhineland style.

Ermsleben, erhalten von der ehemaligen Klosterkirche ist lediglich der Chor mit seinen drei Apsiden, die Krypta und ein kleiner Teil der nördlichen Querschiffwand, hier die Ansicht nach Südosten.

Ermsleben, the chancel with its three apses, the crypt and a small section of the transept's north wall are the sole remainders of the former monastery church. View to the south-east.

Frose, Mittelschiff in Richtung Westen, gut sichtbar die typisch romanische Gliederung der Arkaden durch den sächsischen Stützenwechsel (2 Säulen – 1 Pfeiler – 2 Säulen)

Frose, westwards view of the nave. The Saxon Stützenwechsel (2 columns – 1 pillar – 2 columns) is visible in the typical Romanesque arcade structure.

Gegenüberliegende Seite: Frose, Stiftskirche St. Cyriakus in Richtung Osten, der um 1170 entstandene Bau verfiel nach der Säkularisierung und wurde Ende des 19. Jahrhunderts restauriert, Ausstattung aus dieser Zeit.

Opposite page: Frose, St Cyriakus Collegiate Church (eastern direction) was constructed in around 1170 and fell into disrepair after its secularisation. It was restored towards the end of the 19th century and the installations derive from that time.

Frose, Blick auf die wuchtige Doppelturmfassade der Stiftskirche St. Cyriakus.

Frose, view of the St Cyriakus Collegiate Church's imposing double tower façade.

lich prächtigen Ausstattung. Doch empfindet man trotz oder gerade wegen dieser Kargheit besonders die lichtdurchflutete Monumentalität, die eine besondere räumliche Spannung gewinnt aus dem Kontrast, den die wuchtigen Arkaden der Mittelschiffwände zur feinen Gliederung der himmelhoch scheinenden Gewölbe bilden.

Um die architektonische Anmutung reiner Romanik zu erleben, muss man den eigentlichen Dom verlassen und den Kreuzgang betreten, dessen südlicher Teil von der ursprünglichen ottonischen Anlage übernommen wurde. Im Dom selbst stammen die zum Teil mit originalen Kapitellen

survived the Reformation and wars, stripped of the once colourful splendour of the furnishings from the Middle-Ages. Despite this barrenness, or maybe because of it, the spectacular, light-flooded monument gains spaciousness. The light is a contrast to the central nave's massive arcades which taper into a fine arrangement of lofty vaults, appearing to reach towards heaven.

The cloisters should be viewed, in order to experience the charm of pure Romanesque architecture. The southern section is a reminder of the former Ottonian construction and was incorporated into the present cathedral. Some of the columns in the high chancel and assembly hall are adorned with their original capitals, originating from the previous

Frose, auf einem Hügel erhebt sich die Stiftskirche St. Cyriakus und prägt damit die Ansicht des Ortes.

Frose, St Cyriakus is elevated on a hilltop and thus dominates the view of the area.

versehenen Säulen im Hohen Chor und im Remter aus dem Ursprungsbau, sind jedoch durch Otto I. initiierte antike „Importe" aus Ravenna. Ebenso stand der Taufstein aus ägyptischem Rosenporphyr schon im ottonischen Dom; wann er jedoch tatsächlich entstanden und wie er nach Magdeburg gelangt ist, konnte bislang nicht geklärt werden. Traditionell Romanisches zeigen die Gewölbe über dem Chor, deren typische Tonnenform mit gewaltigen Gurtbögen kreuzförmig

structure, but are in fact the antiques which were imported by Otto I. from Ravenna. Another survivor from the Ottonian cathedral is the baptismal font, created out of pink Egyptian porphyry; the date of manufacture and how it came to be in Magdeburg is still unclear. The vaults in the chancel's surrounding chapels are of traditional Romanesque style. Huge cross-formed flange arches were put in underneath the typically formed barrels. The early-Gothic portal in the Paradise

Gegenüberliegende Seite: Frose, Kapitell an der nördlichen Seite der Stiftskirche.

Opposite page: Frose, capital located on the collegiate church's northern side.

Ihr seid das Licht der Welt

Hecklingen, St. Georg und St. Pankratius, Blick nach Westen.

Hecklingen, St Georg and St Pankratius, westward view.

Gegenüberliegende Seite: Hecklingen, Blick in das nördliche Querschiff und auf die Hauptapsis, bemerkenswert die 14 frühgotischen Engelsfiguren in den Arkadenzwickeln.

Opposite page: Hecklingen, view into the northern transept and main apse. The fourteen early-Gothic angel figures placed in the arcade spandrels are remarkable.

Hecklingen, ehemalige Benediktinerinnenkirche St. Georg und St. Pankratius, nach 1150 errichtet, heute eine der besterhaltensten Basiliken in der Harzregion, reiche Gliederung des kreuzförmigen Baues durch Lisenen und Rundbogenfriese.

Hecklingen, St Georg and St Pankratius, formerly a Benedictine monastery church, was erected some time after 1150. Presently one of the best-maintained basilicas in the Harz region. The cross-formed building is richly structured with wall projections and rounded arch friezes.

unterzogen ist. Neben hochkarätigen plastischen Arbeiten verschiedener Epochen bis in die Neuzeit, unter denen das um 1250 entstandene frühgotische Figurenportal mit dem Zyklus der so beredt zwischen Freude und Schmerz schwankenden fünf törichten und fünf klugen Jungfrauen herausragt, begegnet man auch der romanischen Bildhauerkunst in bedeutenden Werken. So sind die reich ausgestalteten Kapitelle des Chorumgangs gelungene Schöpfungen aus der Spätzeit der Romanik. Der prächtige Osterleuchter vor dem Hauptaltar stammt ebenfalls aus dem ottonischen Dom. Die Grabplatten der Erzbischöfe Friedrich von Wettin und Wichmann von Seeburg geben Zeugnis von der hohen Kunst der im 12. Jahrhundert in Magdeburg ansässigen Bronzegießwerkstatt.

Vestibule is among the cathedral's most important sculptural creations from the Romanesque epoch to modern age. It features the five foolish and five clever maidens. It was created in around 1250 and shows the biblical parable concerning the ten bridesmaids, of which five were well prepared to receive the groom, while the other five still had to fetch oil for the lamps. A symbol of life with God. The unknown master managed to portray the emotional range

between joy and sorrow so eloquently with chisel and stone that the girls' feelings prevail, from soaring jubilation to utter grief. One step out of the cathedral leads to

Quedlinburg, Stiftskirche St. Servatius, Ansicht von Nordosten.

Quedlinburg, St Servatius Collegiate Church, viewed from the north-east.

Gegenüberliegende Seite: Quedlinburg, Stadtbild wird geprägt von der ehemaligen Stiftskirche auf dem Burgberg, nach einer Brandkatastrophe 1070 Baubeginn der heutigen Kirche, Schlussweihe 1129.

Opposite page: Quedlinburg, the town's character is influenced by the former collegiate church which is situated on the Burgberg (Castle Fort Hill). Following a disastrous fire in 1070 building began on the present church. Its consecration took place in 1129.

Der Schritt aus dem Dom führt auf geschichtsträchtigen Boden: Auf diesem Platz, der heute von dem prächtigen Barockpalais mit dem Sitz der Landesregierung in östlicher Richtung begrenzt wird, vermutete man lange die ottonische Kaiserpfalz. Neuere Grabungen weisen anhand der dabei frei gelegten Fundamente auf einen großartigen Kirchenbau aus der Zeit Kaiser Ottos des Großen (912–973). Inzwischen gibt es Vermutungen, dass Otto nach seiner Kaiserkrönung in Rom im Jahr 962 eine imposante Doppelkirchen-Anlage für Magdeburg plante nach einem Vorbild in Trier. Als sichtbares Zeichen seiner Herrschaftswürde und im Zusammenhang mit einem Gelübde, das Otto 955 nach der siegreichen Schlacht gegen die Ungarn am Lechfeld abgelegt hatte. Die Schlacht fand am Tag des heiligen Laurentius statt. Zum Dank wollte er ihm eine Kirche errichten.

Nur wenige Schritte sind es bis zum Kloster Unser Lieben Frauen, heute museal und als Konzerthalle genutzt. Mit der Klosterkirche und den Klausurräumen aus der Zeit des späten 11. und 12. Jahrhunderts bildet es eine der hervorragendsten erhaltenen romanischen Anlagen in Deutschland. In der nahe gelegenen ehemaligen Stiftskirche St. Sebastian sowie in der Petrikirche an der Elbe trifft man auf markante Spuren aus der romanischen Ursprungszeit. Eine Fülle von Sachzeugen repräsentiert im Kulturhistorischen Museum die Alltagskultur des 10. Jahrhunderts. Dort befindet sich auch das aus der ersten Hälfte des 13. Jahrhunderts stammende Original des so genannten Magdeburger Reiters, der wahrscheinlich Otto den Großen darstellt.

Folgt man der Straße der Romanik auf der Nordroute, ist nur wenige Kilometer von Magdeburg entfernt in Groß Ammensleben ein weiteres Kleinod zu entdecken – die im Jahre 1135 geweihte, im Kernbau fast unverändert erhaltene Kirche des ehemaligen Benediktinerklosters. Langhaus und Apsis des nördlichen Nebenchores zeigen sich in ihrer ursprünglichen Form. Gleich beim Eintritt durch das beidsei-

a place steeped in history. The Ottonian Emperor's palatinate was once situated in this square, which is bordered by the splendid Baroque palace to the east (presently the seat of the State Government).

The Kloster Unser Lieben Frauen (the monastery of Our Lady) is only a few steps away; nowadays it is used a museum and concert hall. It is one of the most remarkable preserved Romanesque sites in Germany, with its monastery church and enclosures dating back to the late 11th and 12th century. Striking traces of the Romanesque times can be discovered in the nearby St. Sebastian collegiate church and in the Petrikirche on the banks of the Elbe. An abundance of objects, representing the everyday culture of the 10th century, can be visited at the Cultural and Historical Museum. The original casting of the Magdeburger Horseman (from the second half of the 13th century), supposedly representing Otto the Great, can also be found there.

By following the Romanesque trail onto the Nordroute (the northern route), another architectural gem can be experienced just a few kilometres away from Magdeburg, in Groß Ammensleben: the church of the former Benedictine monastery (consecrated in 1135) of which the core construction is almost fully maintained in its original form. The nave and apse in the northern side chapel have retained their structure. Immediately after entering through the southern

tig von je drei reich verzierten Säulen geschmückte südliche Säulenportal begegnet man Romanik pur: Unter einem zweigeteilten Tympanon, der mit dem Lamm Gottes und dem Sonnenrad geschmückt ist, das den Heiland symbolisiert. Im Mittelschiff gibt das durch die Rundbogenfenster im oberen Teil einfließende Licht der weiß getünchten dreischiffigen Pfeilerbasilika mit ihrer weitgehend barocken Innenausstattung eine ungewöhnlich lichte Weite. Einige der acht Pfeilerarkaden sind mit Schachbrett- oder Palmetten-

portal, which is framed on both sides by three richly decorated 3/4 columns, we are met by pure Romanesque ambient. The tympanum is divided into two fields and adorned with symbols of the Saviour. Light shines into the central nave, which is furnished with a Gothic ribbed vault, through round arch windows and the white plaster walls make the interior appear bright and vast. The altar and pulpit are from the Baroque period, the small organ is pure Rococo, the west gallery was added in the 19th century and is of

Gegenüberliegende Seite: Quedlinburg, St. Servatius, reich geschmückte Westwand des Mittelschiffes, unten mit zwei und oben mit vier Rundbogenöffnungen, dahinter der zweijochig, kreuzgewölbte Vorraum und die Äbtissinenloge.

Opposite page: Quedlinburg, St Servatius. Richly decorated west wall in the nave with its two lower and upper rounded arch openings. The two bay, ribbed vaulted anteroom and abbess; lodge are situated behind the wall.

Quedlinburg, ehemalige Stiftskirche St. Servatius in Richtung Osten, Langhausarkaden mit sächsischem Stützenwechsel, Säulen mit reich verzierten Kapitellen, Bauornamentik von oberitalienischen Einflüssen geprägt.

Quedlinburg, eastward view of the St Servatius Church. The long house arcades follow the Saxon Stützenwechsel (alternating supports) principle. The columns are adorned with highly decorative capitals and the building's ornamental aspect is influenced by the upper-Italian decorative style.

Quedlinburg, ehemalige Stiftskirche St. Wiperti, nach Verlegung des Stiftes 936 vom Burgberg auf den Königshof im Tal wohl Errichtung eines provisorischen Saalbaues, anschließend Bau einer kreuzförmigen Basilika, gegen 1020 Einbau der Krypta und des Sanktuariums, nach 1148 Umbau der Kirche unter Beibehaltung des Chores und der Krypta, zu Beginn des 19. Jahrhunderts Nutzung der Kirche als Scheune.

Quedlinburg, St Wiperti, formerly a collegiate church. The church was built in the Royal Court in the valley after the foundation's transfer from the Burgberg in 936. Began as a temporary hall building and evolved finally into a cross-formed basilica. The crypt was constructed in 1020. The church was converted after 1148 while maintaining the chancel and crypt. At the beginning of the 19th century the church was utilised as a barn.

Gegenüberliegende Seite: Quedlinburg, ehemalige Stiftskirche St. Wiperti, 1956 eingebautes Stufenportal der ehemaligen ottonischen Marien-Klosterkirche auf dem Münzenberg.

Opposite page: Quedlinburg, St Wiperti the former collegiate church. The stepped entrance portal was originally found in the Ottonian Marien Monastery Church on the Münzenberg (Coins Mountain) and was added in 1956.

dekoren versehen. Die gotischen An- und Umbauten der St. Peter und Paul geweihten Klosterkirche sind Folge eines Brandes im 13. Jahrhundert, die neoromanische Westempore entstand im 19.Jahrhundert.

Noch weiter westlich, vorbei an weiteren Fixpunkten wie Hillersleben, Walbeck und Rohrberg, erweist sich die für den kleinen Ort so gewaltig erscheinende Klosterkirche von Diesdorf als eines der besterhaltenen spätromanischen Bauwerke der Altmark. Auf der Nordseite standen ehemals die Klausurgebäude des Augustinerchorfrauenstifts, das im Zuge der Reformation in ein weltli-

neo-Romanesque style. The original Romanesque chequered and stylised palm leaf décor is only recognisable on a few of the eight bulky quadratic pillars. The Gothic extensions and conversion of the St Peter and Paul monastery church were carried through following a fire in the 13th century. An initially inconspicuous, but even so, especial treasure is encountered near the altar in the Heil-Kreuz-Kapelle (Holy Cross Chapel): glazed and decorated floor tiles from the second half of the 13th century. They were brought to light during restoration activities in the mid-1960s. Two further remarkable places

Quedlinburg, Krypta von St. Wiperti, die Seitenschiffe sind durch einen durch die Apsis führenden Umgang verbunden, bemerkenswert der waagerecht durchlaufende, teilweise mit Schmuckfriesen verzierte Sandsteinarchitrav, Verwendung von ehemaligen Grabsteinen für die Stützpfeiler.

Quedlinburg, the St Wiperti crypt. The side aisles are connected by a corridor which leads through the apse. The continuous horizontal sandstone architrave is partially adorned with decorative friezes. Former gravestones were used to create supportive pillars.

join the chain of Romanesque monuments, just a few kilometres to west. They are fairly toned down in comparison to the m uch-visited highlights. The former Benedictine monastery St Laurentius, in the small village of Hillersleben, is a little way off the B 71. It is assumed to have been constructed around 960 making it one of the earliest established monasteries in central Germany. It has experienced and suffered an eventful history in the last 1000 years. Thietmar von Merseburg reported its destruction at the hands of the Slavs, who bitterly resisted the Christian Mission, at the beginning of the 11th century. Fires and plundering, as well as the Reformation and Peasants' War left their mark, until the renovations from 1859 until 1880, but when the site was secularised in the early 19th century only ruins of the original monastery site remained. Characteristic features of the church's high-Romanesque core construction have been maintained despite past dangers: sections of the transept and Vierungs-pfeiler (the intersection pillars) with stylised palm leaf and lotus embellishments. Three mysterious reliefs, featuring angels, are located in the gable in the Gothic chapel annex and are possibly creations from the Romanesque era. The Nordhusen ruins are situated on open fields near Hundisburg and can be seen from a fair distance, thanks to the church's mighty west tower which had probably been erected in around 1200. The tower ruin is the only reminder of the former church and also of the entire Nordhusen Village,

Quedlinburg, ehemalige Stiftskirche St. Wiperti, Ansicht nach Osten.

Quedlinburg, eastward view of the former St Wiperti collegiate church.

Quedlinburg, Blick über den Friedhof der St. Wiperti-kirche zum Schlossberg.

Quedlinburg, Schlossberg (Castle Hill) viewed over the St Wiperti Church cemetery.

ches Damenstift umgewandelt worden war. Es bestand bis 1810 und war mit reichem Landbesitz versehen. Nach Auflösung des Stiftes wurde das Klausurgebäude abgerissen. So steht der mächtige rote Ziegelbau der Kirche heute frei, eine dreijochige Basilika mit Querschiff und halbkreisförmiger Apsis sowie Nebenapsiden an den Querschiffarmen. Von außen fallen die paarweise angeordneten typischen Rundbogenfenster im oberen Teil (Obergaden) des Langhauses auf. Der symmetrische Grundriss folgt dem so genannten gebundenen System, das heißt, dass einem quadratischen Mittelschiffjoch jeweils zwei halb so breite quadratische Seitenschiffjoche entsprechen. Das gibt dem bis auf die Gewölbe größtenteils unverputzten Inneren des Kirchenraumes mit seiner klaren Gliederung Ausgewogenheit.

Stilistisch steht die Diesdorfer Klosterkirche in deutlicher Korrespondenz zur ebenfalls in rotem Backstein errichteten Kirche des ehemaligen Benediktinerinnenklosters Arendsee. Nahezu identisch sind beider Portale im jeweiligen Südquerhaus. Auch in der Gestaltung der Seitenschiffe mit ihren nahezu ungegliederten Innenwänden und sehr hoch angesetzter Wölbung finden sich Übereinstimmungen ebenso wie im ornamentalen Schmuck, beispielsweise der Kreuzbogenfriese des Außenbaus. Hervorgehoben ist das Arendseer Gotteshaus jedoch durch seine ausnehmend schöne Lage. Die Nonnen des 1184 gestifteten Klosters blickten ebenso wie die heutigen Besucher von einer Anhöhe weit über den kaum hundert Meter entfernten See. Ihre Kirche gilt als wahrscheinlich ältester vollständig gewölbter Backstein-Großbau im nordöstlichen Deutschland. Trotz ihrer vergleichbar umfänglichen Ausmaße von knapp 50 Metern Länge und elf Metern Traufhöhe ist das eine Schönheit, die nicht gleich zu entdecken ist. Liegt sie doch etwas versteckt hinter einer Grünanlage mit großen Bäumen und hat keinen Turm, der schon von weitem auf sie hinweist. Die um 1240 vollendete und in dieser Gestalt bis heute erhaltene Pfeilerbasilika zeigt einen klaren kreuzförmigen Grundriss.

which has laid waste since the 15th century. The Greywacke masonry is interrupted by two large round openings which had led into the church nave. Its size can be estimated due to the tower's unusually massive layout which still exists. Passing further highlights, such as the ruins of the collegiate Walbeck Church (constructed between 942 and 964) and the 12th century fieldstone church in Rohrberg Village, the Diesdorf monastery church is encountered. This enormous House of God seems out of proportion with the small settlement. It is one of the best preserved constructions from the late-Romanesque Altmark district. The enclosure buildings of the Augustine convent are located on the north side and were transformed into a women's institute during the onslaught of the Reformation. It endured until 1810 and was provided with a wealth of land. After the institute's decline, the enclosure buildings were torn down. So that the present brick built church is free-standing, consisting of a three-bay basilica with apses on the transept's wings. The pairs of typically rounded arch windows in the upper part of the longhouse are an impressive feature of the exterior. The symmetrical ground plan follows the so-called gebundenen System (connected system), this means that the quadratic nave bay is made up of two quadratic side aisles. This achieves an architectural equilibrium in the church which is not plastered, apart from the vaults.

The Diesdorf Monastery church corresponds stylistically with the likewise brick built church of the formerly Benedictine convent in Arendsee. Their southern transept portals are practically identical. There are also parallels in the design of the side aisles, with their high-set vaulting and ornamental adornments, for example the crossed arch friezes in the outer building. The emphasis of the Arendsee convent is, in fact, on its beautiful location. The nuns from the 1184-established convent and also today's visitors, enjoyed an elevated view onto the lake, which is hardly 100 metres away. Their church is considered as probably the oldest completely vaulted, brick built, large scale construction in North-east Germany. Despite its comparatively large area (almost 50m long and with 11m high eaves), this beauty is not easily spotted. It is somewhat hidden behind sweeping trees and has no tower to indicate its presence from a distance. The pillared basilica was completed in 1240 and has maintained its original form, showing a clearly cross-formed

Ein großes Portal beherrscht die Südseite des Querhauses und weist mit auffälliger Gestaltung auf seine besondere Bedeutung hin. Der Rundbogen des Tores liegt in einem weit vortretenden massiven Giebelgehäuse. In dessen Gewändestufen tritt eine Säule mit plastisch ausgeprägtem Würfelkapitell deutlich hervor. Ein solch besonderes Tor war nicht nur zum Durchgehen da, sondern diente in mittelalterlicher Tradition möglicherweise als Ort der Rechtsprechung

ground plan. A huge portal dominates the transept's south side, indicating its importance through its conspicuousness. The entrance's round arch is sheltered by a massive protruding porch. An eye-catching half-size column with a sculptured cubic capital is located on the steps which lead to the portal. Such a special entrance was not only used as a throughway, but probably also served, as Medieval tradition suggests, as a place where justice was administered and for

Gernrode, Stiftskirche St. Cyriakus in ihrer Südansicht, eines der besterhaltensten Bauwerke ottonischer Zeit.

Gernrode, southern face of the St Cyriakus Collegiate Church. It is one of the best-preserved structures from the Ottonian era.

Gegenüberliegende Seite: Gernrode, zweitürmige Westfassade der Stiftskirche St. Cyriakus, Baubeginn vermutlich 959, Fertigstellung um 1014.

Opposite page: Gernrode, St Cyriakus Collegiate Church. West façade with two towers. Construction probably began in 959 and was completed in around 1014.

Gernrode, Stiftskirche St. Cyriakus in ihrer Südostansicht, die Verschiebung der Achsen im Grundriss ist wohl auf eine Unterbrechung des Baues oder auf Probleme mit dem Baugrund zurückzuführen.

Gernrode, south-east view of St Cyriakus Church. The shifting of the ground plan's axes indicates that there was an interruption during construction or that the development site's conditions were problematic.

Gegenüberliegende Seite: Gernrode, St. Cyriakus, Blick in das Langhaus mit seinem einfachen Stützenwechsel und seinen vielseitig gegliederten Seitenwänden, unter dem erhöhten Ostchor befindet sich eine dreischiffige Hallenkrypta.

Opposite page: Gernrode, St Cyriakus Church. View into the long house shows its simple Stützenwechsel (alternating supports) and varied side wall structures. The three nave hall crypt is located under the elevated east chancel.

Gernrode, die dreischiffige Krypta im westlichen Teil entstand mit den Ausbauten im 12. Jahrhundert.

Gernrode, the three nave crypt in the western section emerged during the 12th century extension work.

und auch für Eheschließungen. Betritt man die Kirche durch dieses Portal, erscheint die Vierung, vor der man nun steht, mit ihren mit Halbsäulen besetzten Eckpfeilern als der architektonisch am reichsten ausgestaltete Teil der Kirche. Die Halbsäulen haben große Backsteinkapitelle in Würfel- bzw. Dreiecksform. Der Gesamteindruck des recht einfach wirkenden, aber keineswegs düsteren Innenraumes wird bestimmt durch den reizvollen farblichen Gegensatz zwischen den insgesamt hell verputzten Wänden und dem Rot des rohen Backsteines in den Gliederungen. In der Apsis steht der romanische Altar

marriage ceremonies. Upon entering the church and regarding the intersection with its corner pillars, which are cast with semi-columns, it appears to be architecturally the most richly developed section. The brick semi-columns have large trapezium and shield-form capitals. The interior is very simply designed and the entire impression is determined by the colourful contrast of the plastered walls and the red of the rough bricks that were integrated in the arrangements. The Romanesque altar is

Klostergröningen, der oktagonale Vierungsturm der ehemaligen Klosterkirche St. Cyriakus erhebt sich weit sichtbar über die Landschaft.

Klostergröningen (Gröningen Monastery), the octagonal intersection tower on the former monastery church rises over the surrounding landscape and can be seen from afar.

Gegenüberliegende Seite: Klostergröningen, ehemalige Klosterkirche St. Cyriakus, 936 von Corvey aus gegründet, bemerkenswert die Stuckreliefs an der zum Mittelschiff hingewendeten Brüstung der Empore.

Opposite page: Klostergröningen, St Cyriakus was formerly a monastery church and was established by Corvey in 936. The plaster reliefs on the gallery balustrade toward the central nave are remarkable.

mit einem aufgesetzten großen Schrein aus dem 14. Jahrhundert, der in reicher Schnitzarbeit unter anderem die zwölf Apostel zeigt. Von der früheren Klosteranlage sind ein Teil des Kreuzganges und ein Hospitaltrakt noch erhalten und werden jetzt museal genutzt. Zum See hin bilden malerische Ruinen um die schön gestaltete ehemalige Friedhofsanlage ein offenes Karree.

Im Gegensatz zur dornröschenhaft versteckten Schönheit des Arendseer Klosters ist der Dom zu Havelberg schon von weitem sichtbar. An exponierter Stelle steht der durch sein mächtiges Westwerk so prägnante Bau auf einer steilen Anhöhe über der Havel markantes Wahrzeichen der Prignitz. Über eine elegant geschwungene Brücke führt ein reizvoller Fußweg mit sensationellem Blick über die ganze Inselstadt hinauf zum historischen Dombezirk mit Stiftsgebäuden aus sechs Jahrhunderten. Trotz zahlreicher Veränderungen in späterer Zeit ist der aus dem Jahre 1170 stammende romanische Dom St. Marien in seiner Kernsubstanz noch gut als solcher erkennbar: eine lang gestreckte dreischiffige Basilika. Ursprünglich war der Dom durch eine kleine romanische Pforte im Westwerk zu betreten, das mit seinen winzig wirkenden Schlitzfenstern im sorgfältig aufgesetzten hellgrauen Bruchsteinmauerwerk auf den Schutz und die Abwehr vor heidnischer Bedrohung des sakralen Ortes hinweist. In unruhigen Zeiten fanden hier Bischof und Domkapitel Zuflucht vor den Angriffen der Heiden. Nachdem das Westwerk schon um

situated in the apse. Atop the altar is a large shrine from the 14th century which depicts, among others, the twelve apost-les in fine carvings. A section of the cloisters and of the hospital wing from the earlier convent site now serve as museums. A square of picturesque ruins surrounds the site of the beautifully designed former cemetery on the way to the lake.

The Havelberg Dom (cathedral) can be seen from afar, in contrast to the hidden fairy tale beauty of the Arendsee Convent. The pithy west section of this huge construction is partly exposed and located on a steep elevation over the Havel River – the striking landmark of Prignitz. A charming footpath leads over an elegantly curved bridge to the historical cathedral precinct, with its collegiate buildings which date back over six centuries. In the cathedral's deepest shadow, St Marien offers a sensational view over the entire island town. The core construction from 1170 is still recognisable, despite the countless changes during later years: it is a long ranging basilica with three naves. The cathedral used to be entered through a small Romanesque doorway in the west section. Its tiny embrasures on carefully placed light grey quarry masonry betray the military past of this sacred place. During the time when the heathen Slavs attacked, the bishop and cathedral chapter sought refuge here. In 1200

Halberstadt, ehemalige Augustinerklosterkirche Unser Lieben Frauen in seiner Südostansicht.

Halberstadt, south-east view of the former Augustine Monastery Church of Our Lady.

Gegenüberliegende Seite: Halberstadt, Blick von Osten auf die ehemalige Klosterkirche Unser Lieben Frauen, kreuzförmige dreischiffige Basilika in hirsauer Tradition, 1146 von Bischof Rudolph geweiht.

Opposite page: Halberstadt, view from the east onto the former Monastery Church of Our Lady. The cross-formed basilica was designed in the Hirsau Tradition and was consecrated in 1146 by Bishop Rudolf.

1200 ein weiteres Geschoss in rotem Backstein und mit drei Arkaden erhalten hatte, wurde zu Beginn des vorigen Jahrhunderts ein weiteres mit fünf Arkaden aufgesetzt. In neoromanischem Stil gehalten und mit einem vergleichsweise zierlichen Glockentürmchen versehen, verharmlost es wie beiläufig die monumentale Wucht des nur sechs Meter tiefen, aber dreißig Meter breiten bollwerkartigen Baus.

Derzeit gelangt man in den Dom über einen seitlichen Eingang durch den so genannten Paradiessaal. Nach einem großen Brand wurde das Kircheninnere im 13. Jahrhundert nach dem Vorbild des Klosters Unser Lieben Frauen in Magdeburg umgestaltet, was eine gelungene Synthese aus romanischen und gotischen Elementen hervorbrachte. Aus den Zeitschichten die eigentliche Romanik herauszufinden, ist hier wie andernorts ein durchaus spannendes Unterfangen. Nicht zuletzt wegen des Einfallsreichtums und des vergleichsweise unbefangenen Herangehens der mittelalterlichen Baumeister. So wurden die gotischen Spitzbögen im nördlichen Seitenschiff in einer Art Überfangtechnik über die ursprünglich romanischen Bögen gelegt, romanische Fenster und Portale zugemauert, Öffnungen für gotische Fenster in die Wände gebrochen und ein Stufenportal aus der Romanik wird fast vollständig überschnitten vom Kreuzrippengewölbe des östlichen Kreuzganges. Aus der Zeit des gotischen Umbaus stammen auch die Triumphkreuzgruppe im Mittelschiff sowie drei Sandsteinleuchter.

the west section received a red brick second storey with three arcades and a further storey with five arcades at the beginning of the last century. Its neo-Romanesque style is maintained and a contrasting, almost delicate bell tower was provided, which plays down the monumental bulk of this section. The bulwark-like construction is only 6 metres deep but is 30 metres wide.

Nowadays admission to the cathedral is granted through a side entrance in the so-called Paradiessaal (Paradise Hall). After a fire in the 13th century the interior was restyled following the example of the Monastery of Our Lady in Magdeburg, resulting in a successful synthesis of Romanesque and Gothic elements. In order to discover the actual Romanesque style, a fascinating venture through the layers of time is made possible here. This is largely due to the Medieval building masters' comparatively uninhibited approach. For example: pointed Gothic arches were constructed over the original Romanesque ones in the northern side-nave; Romanesque windows and portals were walled up; Gothic window openings were simply made by breaking through the walls. A Romanesque portal with steps leading up to it was almost completely overlapped by cross ribbed vaults in the eastern cloisters. The Triumphkreuzgruppe (group of arches in which triumphal crucifixes are hung) and the three sandstone candelabras (in the nave) originate from the Gothic reconstructions. The choir gate-screen ensemble is a

Halberstadt, Klosterkirche Unser Lieben Frauen in seiner Ansicht nach Westen, klare Gliederung des Langhauses durch die acht Pfeilerpaare mit anstukkierten attischen Basen und zarten, farblich abgesetzten Kämpferprofilen.

Halberstadt, westward view of the Monastery Church of Our Lady. The long house's clear structure is visible through the eight pairs of pillars with their pieced on bases and delicate application of colour.

Das Chorschranken-Lettner-Ensemble aus Sandstein sowie die Fenster im nördlichen Seitenschiff zählen zu den hervorragenden Werken der Kunst des 14./15. Jahrhunderts. Die ausdrucksvollen Schnitzereien des ebenfalls nach dem großen Brand eingebauten ältesten Chorgestühls erwecken

sandstone installation, as is the window in the northern side-nave. They are considered to be among the most outstanding religious works of art created in the 14th/15th century. The oldest choir stall which was also built after the great fire is expressively carved and demands attention and inspired

Aufmerksamkeit und Nachdenken. So finden sich an den Wangen fast modern anmutende stilisierte Eselsköpfe mit durchlässigen Ohren, wie eine symbolische Mahnung, das Wort Gottes nicht an sich vorbeigehen zu lassen. An der Südseite des Domes liegen die um 1200 entstandenen Stiftsgebäude mit Konvent- und Refekturbau. Der bis zur zweiten Hälfte des 13. Jahrhunderts in mehreren Abschnitten errichtete Kreuzgang dokumentiert den Übergang zur Gotik. Dom und Klausur bilden ein einmaliges Ensemble von außergewöhnlicher Schönheit und kulturhistorischer Bedeutung.

Auf solche von Phantasie und Witz der altvorderen Künstler zeugende Details zu achten wie bei den durchbohr-

reflection. Donkey heads with pervious ears are strikingly portrayed on the sides, like a cheerfully symbolic reminder that one should not avoid God's Word. The convent and refectory buildings are situated to the south of the cathedral and were erected in 1200. The cloisters were section-built in the second half of the 13th century and document the transition to Gothic architecture. Cathedral and enclosure form an exceptionally beautiful cultural and historical ensemble.

The imagination and wit of the master architects shown in the perforated donkeys' ears in Havelberg, can also be witnessed in the Jerichow Monastery. For example on a column-shaft which decorates an extravagant portal, through which

Halberstadt, Detail der Chorschranken der ehemaligen Klosterkirche aus dem frühen 13. Jahrhundert, die in ihrer Qualität einzigartige Darstellung zeigt Maria, Christus sowie die 12 Apostel.

Halberstadt, detail of the choir gate in the former monastery church, which dates back to the early 13th century. The quality of this interpretation, showing Mary, Christ and the twelve apostles, is unique.

Drübeck, Klosterkirche des ehemaligen Benediktinerinnenklosters St. Vitus in ihrer Westansicht.

Drübeck, St Vitus Monastery Church (formerly a Benedictine monastery) as seen from the west.

Gegenüberliegende Seite: Blick nach Osten in das flachgedeckte Mittelschiff der zu Beginn des 12. Jahrhunderts entstandenen Klosterkirche.

Opposite page: Eastward view within the flat-roofed central nave in the monastery church, which emerged at the beginning of the 12th century.

ten Eselsohren von Havelberg, lohnt sich auch im Kloster Jerichow. Hier beispielsweise am Schaft einer Säule, die ein aufwändiges Portal schmückt, durch das die Prämonstratenser-Chorherren bequem vom Kreuzgang direkt in den Chorraum der Kirche gelangen konnten. Neben Blattranken und Dämonen hat der Meister darauf einen kleinen Fuchs in Mönchskutte in den Stein getrieben, welcher zwei Gänsen ganz offensichtlich eine Predigt hält. Die augenzwinkernd hintersinnige Bildfabel entstand in der Hauptbauzeit, die sich ab 1148 etwa hundert Jahre hinzog. Die mit geweißten Turmfeldspiegeln versehene Klosterkirche und Klausur bilden nach fast drei Jahrzehnte währender Rekonstruktion seit 1989 nach Jahrhunderten wieder eine architektonische Einheit. Dass dieser Komplex in der so abgeschieden erscheinenden altmärkischen Kleinstadt heute zu den wenigen nahezu vollständig erhaltenen romanischen Anlagen im deutschsprachigen Raum gehört, ist gerade seiner wechselvollen Geschichte zu danken und der Tatsache, dass die ursprüngliche Aufgabe der Klosterbrüder, als wichtiger Missionsstützpunkt im slawischen Gebiet wirksam zu werden, kaum zum Tragen gekommen war. Diese Stagnation in der Entwicklung hatte zur Folge, dass auch kein Bedarf aufkam, die ursprünglichen baulichen Anlagen aus dem 12./13. Jahrhundert bis auf einige Umbauten im 15. Jahrhundert wesentlich zu verändern. Im Zuge der Säkularisierung nach der Re-

the Premonstratensian canons could comfortably reach the choir rooms from the cloisters. The artist engraved the depiction of a small fox dressed in monk's habit, preaching to two geese. The pictorial fable hints at hidden meaning and emerged during the main building period, which lasted over a hundred years and began in 1148. The monastery church and enclosure (adorned with double steeples) are once again architecturally homogeneous, after almost thirty years of reconstruction. The survival of this complex, in the seemingly solitary small town, as one of the few almost completely preserved Romanesque sites in the German-speaking area is thanks to its eventful history and the fact that it was hardly utilised for its original purpose as a missionary military base. It was, therefore, unnecessary to alter the original 12th and 13th century constructions, due to this stagnation in development, with the exception of some conversions in the 15th century. The buildings were simply re-assigned to suit agricultural purposes as a result of the secularisation

formation wurden die Gebäude einfach für landwirtschaftliche Zwecke umgewidmet. Und so zwar zum praktischen Gebrauch verändert, aber in der Grundsubstanz erhalten. Jahrhundertelang bis in jüngere Zeit waren die Klausurräume durch die aus dem reichen Landbesitz des Klosters 1680 gebildete brandenburgisch-preußische Domäne, zu DDR-Zeiten Volksgut, als Brauhaus, für Ställe und Scheunen benutzt worden. Spuren davon sind noch zu sehen. So im Kreuzgang, wo ein romanisches Rundbogenportal derart unbekümmert erweitert wurde, dass sich eine große Durchfahrt für die Erntewagen ergab. Die Erdgeschossräume des Klosters mit ihren schlichten romanischen Kreuzgratgewölben dagegen sind vollständig erhalten geblieben. Im südlichen Kreuzgang trifft man auf Sommer- und Winterrefektorium. Ersteres ein repräsentativer zweischiffiger Raum, in dem drei frei stehende Säulen auffallen. Deren kunstvolle Kelchblockkapitelle mit stilisierten Blättern und Ranken gehören zu den künstlerisch bedeutendsten Leistungen spätromanischer Steinmetzkunst. Mit einer Fülle sinnbildlicher Darstellungen von Fabelwesen, Tieren und Pflanzen, aber deutlich schlichter gestaltet sind die bereits Ende des 12. Jahrhunderts entstandenen Kapitelle im anschließenden Winterrefektorium gestaltet. Hier jedoch stößt man auf eine schmale Heizkammer, die ganz offensichtlich den Mönchen im darüber liegenden Kalefaktorium zu einer Art Fußbodenheizung verhalf. In der Kloster-

during the Reformation. Thus, the practical use was changed, but the basic substance maintained. Until recently, and for centuries before that, the enclosure rooms were used by the Brandenburg-Prussia domain (formed through the monastery's wealth of land in 1680) and later belonged to the Volksgut (the People's Property) in the GDR era. The spaces were used for a brewery and for stalls and barns. Today, evidence of this is still apparent. For example in the cloisters, where a Romanesque round arch portal was widened, without a second thought, in order to create a passage big enough to allow the crop-bearing carriages to be drive through. In contrast, the monasteries ground floor with its simple Romanesque cross ribbed vaults, has been completely preserved. The summer and winter refectories are situated in the southern cloisters. The former is a two-nave room, in which three free standing columns catch the eye. Their artfully created capitals are decorated with stylised leaves and tendrils; these belong among the most important late-Romanesque artistic achievements in stonemasonry. There is an abundance of symbolic representations of mystical figures, animals and plants. The capitals in the winter refectory, which emerged at the end of the 12th century, are of clearly simple design. However, a small heating chamber is visible here; it obviously served as a kind of central heating for the monk's Calefactory. The second nave's crypt hall which was

Gegenüberliegende Seite: Blankenburg, Kapitelsaal des Klosters Michaelstein, bemerkenswert die Säulenkapitelle mit Königslutterer Ornamentik.

Opposite page: Blankenburg, chapter hall in the Michaelstein Monastery. The column capitals, with their Königslutter ornamentation, are remarkable.

Blankenburg, Garten des Klosters Michaelstein mit Klausurgebäuden um 1170.

Blankenburg, the Michaelstein Monastery garden and assembly buildings, constructed in around 1170.

Ilsenburg, Klosterkirche St. Peter und Paul des 1003 gegründeten Benediktinerklosters.

Ilsenburg, St Peter and Paul Monastery Church, belonging to the Benedictine Monastery, which was established in 1003.

Blankenburg, Stifterfiguren (etwa 1270) der Bartholomäuskirche.

Blankenburg, figures (created in around 1279) depicting the founders of the Bartholomäuskirche (St Bartholomew church).

kirche, einer dreischiffigen Säulenbasilika mit dem bekannten Kreuzgrundriss aus Lang- und Querhaus, bestimmt der um 1200 erfolgte Einbau einer zweischiffigen Hallenkrypta im Mittelschiff ganz wesentlich den Gesamteindruck. Der durch Plünderung im 16. Jahrhundert jeglichen Schmuckes beraubte Kirchenraum – von der ursprünglichen Ausstattung blieben der Hauptaltar, der Sockel eines Osterleuchters und ein Taufbecken erhalten – hebt umso stärker die Wirkung des Lichtes hervor. Die hat besondere Funktion: Jeweils zur Tag- und Nachtgleiche fällt genau zur Stunde der Vesper das

installed in 1200, dominates the overall impression of the monastery church's three-nave columned basilica (follows the familiar cross-formed ground plan of longhouse-transept). This church room was plundered in the 16th century, leaving only the main altar, the base of an Easter candelabra and a baptismal font. The effect of light is heightened through the room's present simplicity. The sunlight has an important function:

Sonnenlicht gleichermaßen auf den Hauptaltar wie die Altäre der Nebenchöre.

Solch ein Stück Astronomie in Stein ist auch in der Dorfkirche St. Thomas in Pretzien zu erleben. Genau berechnet, treffen hier jeweils zu den Stundengebeten die Sonnenstrahlen durch die Fenster der Apsis auf den Altar. Die eigentliche Sensation dieser Kirche, die schon von außen durch den auf den hellen Bruchstein-Baukörper aufgesetzten Fachwerkturm auffällt, sind aber die Fresken im Inneren. 1973 hatte sie die als Restauratorin ausgebildete Frau des damaligen Pfarrers in dem damals nicht mehr kirchlich genutzten Gotteshaus entdeckt. Im folgenden Jahrzehnt wurde dieser künstlerische Schatz unter Verantwortung des Landesamtes für Denkmalpflege

it shines on the main altar and also the side-chancel altars exactly during vespers.

In St Thomas, the village church in Pretzien, further astronomy in stone can be observed. In a precise calculation, the sun's rays always shine through the apse window onto the altar in time for the prayers The small church was built in around 1140 on a slight elevation at the edge of the village and even its exterior is unmistakable: A timber frame tower with red brick fillings is set atop the church's quarry stone masonry. Though its interior frescos are the real sensation. They were discovered in 1973 by the priest's wife (who happened to be a trained restorer) in this House of God, which was no longer used as a church building in those days. In the following decade this treasure,

Osterwieck, die romanische Doppelturmfassade der Stephanikirche.

Osterwieck, the Stephanikirche (Stephani Church) with its Romanesque double tower façade.

Osterwieck, Ansicht nach Osten, Langhaus und Chor wurden nach einem Brand 1511 erneuert.

Osterwieck, view of the church from the east. The long house and chancel were re-constructed after the event of fire in 1511.

Huysburg, 1121 geweihte Kirche St. Maria des Benediktinerklosters, zweitürmiger Westbau erst von 1487.

Huysburg, the St Maria Church (belonging to the Benedictine Monastery) was consecrated in 1121. The west structure with its two towers has existed since 1487.

unter mehreren Farbschichten zum Vorschein gebracht und gesichert, das gesamte Bauwerk saniert. Heute finden hier wieder Gottesdienste und sommerliche Konzerte statt. Der Besucher der in der zweiten Hälfte des 12. Jahrhunderts errichteten Kirche sieht sich umgeben von den wohl bedeutendsten spätromanischen Wandmalereien im mitteldeutschen Raum. Um 1220/30 entstanden, sind die Fresken in der Apsis am besten erhalten. Sie zeigen den auf dem Regenbogen thronenden segnenden Christus, umgeben von der Gottesmutter und Johannes dem Täufer, begleitet von

which had been hidden under layers of paint, was signed over to the regional department responsible for the care and protection of monuments. The frescos were brought to light and secured and the entire building was refurbished. Today, church services and summer concerts are conducted in the truly special Romanesque hall structure, in the presence of the once more visible and fascinating 'picture book'– the most important late-Romanesque wall murals in central Germany. The apse frescos were created around 1220/30 and are the best preserved. They depict blessed Christ enthroned

Westerburg, die von zwei Gräben umgebene kastellartige Anlage, 1052 zuerst urkundlich erwähnt, gehört im Umkreis des Bischofssitzes Halberstadt zu den wenigen gut erhaltenen Wasserburgen.

Westerburg, the castle-like site is surrounded by two moats. Its existence was first documented in 1052. Belongs among the few well preserved moat castles in the Halberstadt Episcopal vicinity.

Abseits von der Straße der Romanik: Derenburg, Doppelturmfassade der Pfarrkirche St. Trinitatis, entstanden um 1230.

Off the Romanesque Route: The St Trinitatus Parish Church in Derenburg. The double tower façade is pictured. Erected in 1230.

zwei Engeln. Darunter zieht sich bis zur östlichen Chorwand ein Fries von Heiligen entlang. Im Chorraum sind noch teilweise die törichten und klugen Jungfrauen erkennbar. Ein Bilderband erzählt die Jakobsgeschichte. Während auf anderen Flächen die nur schemenhaft zu erkennen und wohl als Propheten und Apostel zu deuten sind, ist der Heilige Christopherus mit dem Jesuskind auf der Schulter im nördlichen Kirchenschiff klar auszumachen. Die die ganze Wand einnehmende, hervorgehobene Darstellung des Schutzheiligen der Schiffer und Fährleute leuchtet angesichts der nahen

on a rainbow, flanked by the Mother of God and John the Baptist and accompanied by two angels. Underneath this is a frieze depicting the saints which stretches to the eastern chancel wall. The bible parable involving the foolish and clever maidens is partially recognisable in the choir room. One picture frieze recounts the story of Jacob. The figures on some of the surfaces are only shadowy presences, which can be interpreted as prophets and apostles, whereas in the northern church nave St Christopher can be clearly identified as he carries the Jesus Child on his shoulder. An entire wall

Elbe ein. Wiederum vom gerne eingebrachten Witz der mittelalterlichen Künstler zeugt die volkstümliche Version des Jüngsten Gerichts in der Leibung des Turmbogens: Ein Engel hält die Waage, in deren einer Schale sich ein Mensch zu behaupten hat gegen die schweren Gewichte in der anderen Schale. An der hängen nämlich zusätzlich Teufel, um die Seele für sich zu gewinnen. Doch verheißt die seitlich erkennbare Himmelskönigin mit leichter Hand Rettung vor der Hölle.

honours the patron saint of sailors and ferrymen; the emphasised interpretation makes sense, due to the proximity of the Elbe River. The Day of Judgement was humorously depicted by the Medieval artists who used the popular version: an angel holds the scales, on one side a person is trying to assert himself against the heavy weights on the other side. The devil is hanging on the weighted side in an attempt to win the soul for himself. The celestial queen is visible to one side and promises deliverance from hell.

Hadmersleben, Übergang ottonischer zu romanischer Architektur im ursprünglichen Langhaus des Bauwerkes, vermutlich aus dem späten 10. Jahrhundert.

Hadmersleben, transition from Ottonian to Romanesque architecture in the construction's original long house, considered to have emerged in the late 10th century.

Gegenüberliegende Seite: Hadmersleben, Westfassade der Benediktinerklos-terkirche St. Peter und Paul.

Opposite page: Hadmersleben, the façade of the St Peter and Paul Benedictine Monastery Church.

Hadmersleben, Freilegung des ursprünglichen Fußbodens im Kapitelsaal der Klosteranlage.

Hadmersleben, exposure of the original floor in the chapter hall, on the monastery site.

Der Weg über die Elbe bei Pretzien führt auf die Südrunde der Romanik-Straße. Mit der Stiftskirche auf dem Petersberg, der die höchste Erhebung auf diesem Breitengrad bis zum Ural bildet, und der Doppelkapelle von Landsberg begegnen uns schon durch ihre exponierte Lage beeindruckende Bauwerke aus jener Zeit. Ebenso wie die auf einem Porphyrfelsen über der Saale inmitten von Halle als Ruine aufragende Burg Giebichenstein. In dem einstmals gewaltigen Komplex der erstmals 961 erwähnten Reichsburg hatten ab 1382 für ein reichliches Jahrhundert die Magdeburger Erzbischöfe als Stadtherren von Halle ihre Hauptresidenz.

Im reizvollen Weinland an Saale und Unstrut finden sich Romanik-Schätze dicht an dicht. Auf einem Bergsporn über Freyburg liegt die mächtige Neuenburg. Im letzten Jahrzehnt hat die weiträumige Anlage eine Metamorphose zu einem höchst lebendigen kulturellen Zentrum mit einfallsreichen musealen und musikalischen Angeboten erfahren, nachdem sie noch bis 1990 verwahrlost und fast in Vergessenheit geraten war. Dabei wurden zumindest Teile der Burg, die gegen 1090 durch den Thüringer Landgrafen Ludwig den Springer gegründet wurde, über die Jahrhunderte bis ins zweite Drittel des 20. Jahrhunderts bewohnt und genutzt. Jetzt ist die Neuenburg im Besitz der Stiftung Dome und Schlösser in Sachsen-Anhalt und an der Straße der Romanik eines der bedeutendsten Bauwerke, mit wertvoller Substanz und großer Geschichte. Die einstige Ludowinger- und spätere Wettinerburg sah als eines der Zentren mittelalterlich-höfischer Kultur viel Prominenz des Mittelalters in ihren Mauern. Den

The passage over the Elbe, via Pretzien, leads to the southern round of the Romanesque route. We encounter impressive buildings from that period by way of the collegiate church on the Petersberg and the double chapel in Landsberg, both of which are on exposed locations. Likewise the Giebichenstein castle fort ruins, which range over the Saale River in Halle and are perched on a porphyry crag. The Magdeburger archbishops who governed Halle resided over centuries in the Reichsburg (the Empire castle fort), which was first alluded to 961.

Romanesque treasures are found in abundance in the charming vineyard land around the Saale and Unstrut Rivers. The mighty Neuenburg (New castle fort) is seated on a mountain spur over Freyburg. In the previous decade the expansive site underwent a metamorphosis after having been neglected and almost forgotten until 1990. It is now a highly revitalised cultural centre, offering imaginative museum and musical opportunities. Sections of the castle, which had been established by Count Ludwig den Springer from Thuringia in around 1090, were resided in and utilised for centuries up until the second third of the 20th century. The state-owned property is now one of the most important buildings on the Romanesque route, in consideration of its valuable substance and extensive history The castle was once called the Ludowingerburg and later Wettinerburg and was one of the royal court centres in the Middle-Ages, often visited by prominent persons of the era, among others

Hamersleben, Sockelumlaufportal der Augustinerstiftskirche St. Pankratius.

Hamersleben, circular portal pedestal in the St Pankratius Collegiate Church.

Gegenüberliegende Seite: Hamersleben, Stiftskirche St. Pankratius in ihrer Südostansicht.

Opposite page: Hamersleben, South-east face of the St Pankratius Collegiate Church.

Gegenüberliegende Seite: Hamersleben, südliches Querhaus und Mittelschiff der Stiftskirche St. Pankratius, wegen der sorgfältigen Ausführung und der qualitätvollen Ornamentik einer der edelsten hochromanischen Bauten im mittleren Deutschland.

Opposite page: Hamersleben, the southern transept and the central nave in the St Pankratius Collegiate Church. One of the finest high-Romanesque structures in central Germany, due to the careful execution and quality of the ornamentation.

Hamersleben, Blick von Osten auf die Stiftskirche St. Pankratius.

Hamersleben, view of the St Pankratius Collegiate Church from the east.

Hamersleben, beeindruckende Tier- und Pflanzenornamentik an den Kapitellen der Stiftskirche.

Hamersleben, impressive animal and plant ornamentation on the church's capitals.

Stauferkaiser Friedrich Barbarossa etwa und die nicht weniger legendenumwobene und wegen ihrer barmherzigen Taten später heiliggesprochene Landgräfin Elisabeth von Thüringen. Der Minnesänger Heinrich von Veldeke vollendete hier die „Eneid", das erste weltlich-höfische Versepos in mittelhochdeutscher Sprache. Auf dieser glanzvollen Burg wohnte man in eben solchem Ambiente, gut geschützt und für die Zeit komfortabel mit weitem Blick über das Unstruttal. Dabei gilt die wahrscheinlich um 1220 errichtete Dop-

the Staufer Emperor, Friedrich Barbarossa and the fabled Countess Elisabeth von Thüringen who was later sainted due to her compassionate deeds. Heinrich von Feldeke, the minstrel, completed the 'Eneid' here; the first worldly and courtly versed epos to be composed in middle standard German. During its heyday, the residents of the castle enjoyed the ambience, were well protected and comfortable (at least by the standards of the time) and had a view over the Unstrut Valley. The double chapel, which was most

Gegenüberliegende Seite: Seehausen/Börde, im Norden der Stadt liegt auf einem Hügel die gut erhaltene St. Paulskirche aus dem 12. Jahrhundert.

Opposite page: Seehausen/Börde, the well preserved 12th century St Paul's Church, situated on a hill in the north of the town.

pelkapelle als besonderes Kleinod. Die von den Burgbewohnern benutzte Kapelle im Untergeschoss ist mit der oberen durch eine Öffnung im Holzfußboden verbunden. Diese war der Landgrafenfamilie und adligen Gästen vorbehalten und ist ungleich reicher geschmückt, unter anderem mit „gezackten" Gurtbogen. Die als Fürstenbau bezeichneten herrschaftlichen Wohnbauten zwischen Kapelle und Osttorhaus sind äußerlich durch barocke Umbauten geprägt, bergen jedoch im Inneren Substanz aus der Ursprungszeit. Aus dem frühen 13. Jahrhundert stammt der viergeschossige Wohnturm auf der Südseite. Die hier wie auch in anderen Teilen der Burg eingebauten Aborte (mit Wasserspülung vom Hof) belegen ebenso wie Reste einer Badestube und Kamine einen Wohnkomfort, wie er zu Zeiten der Romanik allerdings weit und breit einzigartig war.

Heutiger Komfort verbindet sich für die Internatsschüler von Schulpforta behutsam mit der anregenden historischen Umgebung, in der sie lernen und leben. Hinter den fast zwei Kilometer langen Mauern des aus dem Jahr 1138 datierenden Zisterzienserklosters, das mit umfänglichen Pfründen zu den reichsten und mächtigsten in Mitteldeutschland gehörte und nach der Säkularisierung seit 1543 als Fürsten- und Gelehrtenschule genutzt wurde, erlebt der Besucher ein Bauensemble aus acht Jahrhunderten. So berühmte Absolventen

probably erected in the last quarter of the 12th century, is considered to be an architectural gem. The castle's residents used the chapel in the lower floor. This is connected to the upper storey by an opening in the wooden floor. The upper part was reserved for the Count's family and noble guests. It was decorated in a far richer style, e.g. the jagged edge arches. The manorial construction between the chapel and the eastern gatehouse was assigned the name 'the Royal House'. Its exterior remains substantially from the building's original time. The four-storey Wohnturm (lived-in tower) was erected on the south side in the early 13th century. Water closets were installed here as well as in other sections of the castle fort and even had cisterns. The remains of bathrooms and fireplaces are also further proof of the castle's, for that time, uniquely high living standard.

Modern comforts are carefully merged with stimulating historical surroundings where the students of the Schulpforta boarding school live and learn. It was formerly a Cistercian monastery which dates back to 1138 A.D. and is contained behind walls that are almost two kilometres long. It has been used as a school for royalty and scholars since its secularisation in 1543 and visitors can experience an architectural ensemble, created during an 800 year long period. The school's re-establishment in 1990 was based on the rep-

wie Fichte, Klopstock und Nietzsche begründeten den Ruf der 1990 wieder belebten Landesschule Pforta. Erhaltene Zeugnisse romanischer Vergangenheit sind der Kreuzgang, die so genannte Abtskapelle, das auf romanischen Fundamenten stehende Fürstenhaus sowie vor allem die im Ursprungsjahr begonnene Klosterkirche: ein riesiger lang gestreckter kreuzförmiger Bau mit einem gleichlangen südlichen und einem kürzeren nördlichen Seitenschiff. Das mittlere Schiff erscheint kahl und von den großen Wandflächen bestimmt, in denen vermauerte Rundbogen zu erkennen sind. Der Mitte des 13. Jahrhunderts angefangene gotische Neubau entstand über dem romanischen

utation of its famous graduates, such as Fichte, Klopstock and Nietzsche. Structural evidence of its Romanesque past has been preserved: the cloisters; the so-called Abstkapelle (Abbots Chapel); the Fürstenhaus (the Royal House) which was built on Romanesque foundations and also the monastery church, on which construction began in the year of the site's origin. The monastery church is an enormous far-ranging, cross-formed structure with a southern aisle of equal length and a shorter, sideaisle to the north. The nave seems quite bare and has large-surface walls, in which walled in round arches are visible. The 13th century Gothic reconstruction emerged on top of the Romanesque

Groß Ammensleben, ehemalige Benediktinerklosterkirche St. Peter und Paul, Ansicht von Südosten, 1140 Weihe des Ursprungsbaues, flachgedeckte, querschifflose Pfeilerbasilika, später gotisch verändert.

Groß Ammensleben, St Peter and Paul church viewed from the southeast. Part of the former Benedictine Monastery. Original structure consecrated in 1140. It is a flat-roofed, pillar basilica without a transept. It later underwent Gothic alterations.

Gegenüberliegende Seite: Hundisburg, Wüstung Nordhusen, ehemalige Dorfkirche, um 1200 entstanden, heute malerische Ruine.

Opposite page: Hundisburg, Wüstung Nordhusen, former village church. Built in around 1200 and presently existing as picturesque ruins.

Gegenüberliegende Seite: Hillersleben, Westtürme der ehemaligen Benediktinerinnenklosterkirche St. Laurentius, St. Stephan und St. Petrus, heutiger Bau in seiner Form von 1179.

Opposite page: Hillersleben, west towers of the former Benedictine St. Laurentius, St Stephan and St Pankratius monastery church. Exists in its present form since 1179.

Walbeck, Ruine der ottonischen Stiftskirche St. Marien, St. Pankratius und St. Anna, Baubeginn um 942.

Walbeck, ruins of the Ottonian St Maria, St Pankratius and St Anna Collegiate Church. Construction began in 942.

Bebertal, Bauwerk aus dem 10. Jahrhundert, seit dem 17. Jahrhundert als Friedhofskapelle genutzt.

Bebertal, structure from the 10th century. Serves as a cemetery chapel since the 17th century.

Grundriss, weist aber mit Sockelmauer und Arkadenpfeilern noch ursprüngliche Bestandteile auf. Eine seltene Kostbarkeit ist das im vorderen Teil des Kirchenschiffs herabhängende, fast fünf Meter hohe und über drei Meter breite hölzerne Triumphkreuz von 1240/50, dessen Bemalung noch fragmentarisch erhalten ist. Mit ihrer vielfältigen Innengestaltung ist die kleine Abtskapelle ein interessantes Bauwerk aus dem Übergang der Spätromanik zur Frühgotik. Im reizvollen Unstruttal liegt Memleben. Wie beiläufig, nämlich entlang der Dorfstraße, trifft man hier auf beeindruckende Reste einer Kirche des 10. Jahrhunderts. In jüngerer Zeit wurden sie behutsam instand gesetzt und zeigen mit den dazu gehörigen, seit 1936 ausgegrabenen Fundamenten, dass sie zu den größten jener Zeit gehört. Ihre gewaltigen, in etwa dem ottonischen Dom von Magdeburg entsprechenden Ausmaße sind im Gelände durch eine Pflasterung markiert. Es wird inzwischen angenommen, dass sie jene Marienkirche gewesen sein könnte, in der das Herz Ottos I. bestattet wurde. Wie sein Vater König Heinrich I. im Jahre 936, war auch der 962 zum Kaiser gekrönte Otto I. 973 hier

ground plan but the base walls and arcade pillars bear witness to the site's true origins. A rare treasure is located in the nave's foremost section: A free-hanging, almost 5m high and over 3m wide wooden triumphal crucifix from 1240/50. Fragments of its painting are still maintained. The Abbots Chapel is an interesting structure built in the transition stage from late-Romanesque to early-Gothic. Memleben is located in the lovely Unstrut Valley. There is no visible evidence of the once-favourite palatinate of Heinrich I. Even the mighty Marienkirche (Maria Church), the construction of which was commissioned next to the palatinate by Otto I. in remembrance of his deceased father, Heinrich, (the church was equal in size to the Ottonian cathedral in Magde-

verstorben. Beweis genug, um Memleben als bedeutenden Aufenthaltsort der ottonischen Herrscher auszuweisen, wenngleich es für die lange hier vermutete Pfalz bislang keine eindeutigen Belege gibt. Kaiser Otto II. stiftete am Sterbeort seines Vaters und Großvaters ein reich ausgestattetes Benediktinerkloster, das in der ersten Hälfte des 13. Jahrhunderts durch einen Neubau ersetzt wurde. In einer gepflegten Grünanlage liegt heute die reizvoll romantische Ruine dieses nach einem Blitzeinschlag im 18. Jahrhundert langsam verfallenen spätromanischen Bauwerks. Einzig die erhaltenen Arkadenreihen des Mittelschiffs geben einen Eindruck von seiner ursprünglichen Erscheinung. Unter den Resten des Chores befindet sich die Krypta aus dem frühen 13. Jahrhundert, die wegen ihrer Anlage als Hal-

burg) can only be imagined by studying the remaining sections: The southern side-aisle wall with the so-called Kaisertor (Emperors' Gate) and both wings of the south cross. Otto I. also died in Memleben and his heart was buried here in this church. Emperor Otto II ordered the building of a richly designed Benedictine monastery, here where his grandfather and father had perished. It was replaced by a new structure in the first half of the 13th century. This late-Romanesque structure was destroyed by lightning in the 18th century and its charming ruins now lie in well cared-for gardens. Only the surviving row of arcades, from the nave, give an impression of its original appearance. The crypt created in the early 13th century, which lies under the chancel's ruins, is of great import due to its ceiling vaults and adorned capitals.

Engersen, Westturm des spätromanischen Feldsteinbaus, zahlreiche Veränderungen im 16. und 18. Jahrhundert.

Engersen, the late-Romanesque fieldstone building's west tower underwent many alterations in the 16th and 18th century.

Gegenüberliegende Seite: Rohrberg, Dorfkirche aus der zweiten Hälfte des 12. Jahrhunderts, Fachwerkturm von 1752, kreuzförmiger Ausbau von 1884.

Opposite page: Rohrberg, the village church derives from the second half of the 12th century. Half-timbered tower dates from 1752. The cross-form building was developed from 1884 on.

Wiepke, spätromanischer, flachgedeckter Feldsteinbau, hervorzuheben die im Chor bemalte Kassettendecke von 1602.

Wiepke, late-Romanesque, flat-roofed fieldstone structure. The chancel's painted coffered ceiling (1602) is outstanding.

Diesdorf, ehemalige Augustinerinnenkirche St. Maria und Crucis, eine der besterhaltensten spätromanischen Bauwerke in der Altmark, hier in ihrer Ansicht von Süden.

Diesdorf, St Maria and Crucis (former Augustinian church), one of the best maintained late-Romanesque buildings in the Altmark area. Shown here from the south.

Gegenüberliegende Seite: Diesdorf, Blick in das Mittelschiff der Klosterkirche in Richtung Osten, älteste gewölbte altmärkische Kirche im voll ausgebildeten gebundenen System.

Opposite page: Diesdorf, eastward view through the monastery church's central nave. It is the oldest church in the Altmark area to use such a vault system.

1332 eingebaute Heilig-Grab-Kapelle im nördlichen Teil der Klosterkirche.

Heilig-Grab-Kapelle (Holy Grave Chapel), built into the northern section of the monastery church in 1332.

lenkrypta, der Deckengewölbe und der verzierten Kapitelle besondere Bedeutung hat.

Burg Querfurt ist eine der ältesten, größten und best erhaltenen Burgen in Deutschland. Hervorgegangen aus einer wahrscheinlich noch größeren Fluchtburganlage, geht die „Curnfurdeburg" zumindest auf das Jahr 899 zurück und ist sieben Mal so groß wie die Wartburg. Anhand des un-

Burg Querfurt is one of the oldest, largest and best preserved castle forts in Germany. The 'curnfurdeburg' probably emerged from an even bigger refuge fort site, dates back to at least 899 A.D. and is 7 times as big as the Wartburg (Wart castle fort). It is pos-

Gegenüberliegende Seite: Salzwedel, St. Lorenz von Südwesten.

Opposite page: Salzwedel, view of St Lorenz from the south-west.

Salzwedel, Pfarrkirche St. Lorenz, vermutlich aus dem 13. Jahrhundert, seit 1692 diente die romanische Basilika als Salzlager.

Salzwedel, the St Lorenz Parish Church, considered to have been built in the 13th century. The Romanesque basilica served as a salt store since 1692.

regelmäßigen Rechtecks der Burganlage mit zwei Ringmauern, zwischen denen ein Burggraben tief in den Fels geschlagen ist, lassen sich beispielhaft die wesentlichen Züge des romanischen Burgenbaus ablesen. Ebenfalls romanisches Erbe ist die im Burghof frei stehende Kapelle aus der zweiten Hälfte des 12. Jahrhunderts mit drei Apsiden und einem achteckigen Turm. Während Rundbogenfries, Fenster und Kapitelle aus der Erbauungszeit erhalten blieben, ist das Innere ansonsten barock umgestaltet. Aus romanischer Zeit stammen zwei der drei Türme: der runde „Dicke Heinrich" aus dem mittleren 12. Jahrhundert und der viereckige „Marterturm" von 1220/30. Den quadratischen Bergfried aus gotischer Zeit kann man auf bequemen Holzstiegen erklimmen und ahnt oben – sturmumtobt bei weiter Sicht auf die Querfurter Platte – etwas von den natürlichen Urgewalten, die die Altvorderen in heiligen Schrecken versetzt haben mögen.

Die Goldene Aue, die berühmt fruchtbare Ebene des südlichen Harzvorlandes, hat vor Augen, wer durch die lieblichen Streuobst-Wiesen zur wenig erhöht auf dem Pfingstberg unterhalb des Kyffhäusers gelegenen Königspfalz Tilleda hinaufgeht. Ausgrabungen machen in Umrissen die Ausdehnung des mit reichlich fünf Hektar nicht einmal allzu großen königlichen Herrschaftsstützpunktes sichtbar. In Orten wie diesen hatten die Ottonen-Könige samt Gefolge ein Heim auf Zeit. Der heutige Wert der vergleichsweise

sible to deduce the characteristics of a Romanesque fort construction, due to its irregular rectangular site with two ring walls, between which a deep moat was dug into the rocks. A further legacy of the Romanesque era is the detached chapel from the second half of the 12th century, which is located in the castle's courtyard. It had three apses and an eight-cornered tower. Whereas the original round arch friezes, windows and capitals have been maintained, the rest of the interior received a Baroque restyling. Two of the three towers on the castle originate from the Romanesque Period: The round 'Dicke Heinrich' (Fat Heinrich) from the middle of the 12th century and the four-cornered 'Marterturm' (the Torture Tower) constructed around 1220/30. The 'Goldene Aue' (Golden Pasture) is the richly fertile plain surrounding the Harz and looks onto those who walk through the delightful orchards up to the King's palatinate Tilleda, which is slightly elevated on the Pfingstberg (Whit sun Hill) beneath the Kyffhäusser mountain. The outline of the royal territorial military base is made visible by excavations. Places such as these were home to the Ottonian kings over stretches of time. The comparatively modest Tilleda palati-

Gegenüberliegende Seite: Salzwedel, Pfarrkirche St. Lorenz in ihrer Ansicht nach Osten, gegen Ende des 17. Jahrhunderts Seitenschiffe abgebrochen und Arkaden vermauert, 1794 Abriss des Turmes, bemerkenswert die Gliederung von rotem Backstein, weißen Blendnischen und schwarz glasierten Steinen.

Opposite page: Salzwedel, east face of the St Lorenz Parish Church. The side aisles were demolished and the arcades walled up towards the end of the 17th century. The towers were torn down in 1794. The red brick structure and black glazed stonework are remarkable.

bescheidenen Tilledaer Pfalz liegt darin, dass sie uns eine phantasieanregende Vorstellung gibt vom damaligen Leben der Herrschenden und ihrer Untertanen, die die materiellen Grundlagen für den „blühenden Vorhof des Paradieses" schufen, als der die Region in jenen Zeiten gerühmt wurde. Tilleda war eine aus dem dichten Kranz von Pfalzen und Reichshöfen rund um den Harz, in einer Landschaft, die dem Chronisten Lampert von Hersfeld als „Küche des Kaisers" erschien. Die Kernburg mit den Wohn- und Repräsentationsräumen samt Kapelle ist wesentlich kleiner als die beiden Vorburgen mit insgesamt 235 nachweisbaren Häusern. In denen wohnten und arbeiteten das Gesinde und unfreie Bauern, hielten sich Wachmannschaften auf, Vorräte wurden aufbewahrt oder beispielsweise Tuche produziert. Einige dieser Gebäude sind über den originalen Grundrissen hypothetisch rekonstruiert worden und schaffen so eine annähernde Vorstellung der damaligen Verhältnisse.

Das Erlebnis einer Adelswohnburg bietet Burg Falkenstein; erfüllte doch die auf einem Bergsporn über dem Selketal liegende Anlage seit ihrer Gründung über 800 Jahre diese Funktion und gilt heute als die besterhaltene Höhenburg des ganzen Landes. Versteckt in den Wäldern liegend, kommt das wie ein Märchenschloss wirkende Gemäuer erst in den Blick, wenn man sich nach dem Aufstieg zu Fuß dem Eingang neben der Ostbastion bis auf wenige Schritte

nate is of value today because it triggers the imagination and gives a good idea of the lives of the rulers and their subjects from that era. They created the material basis for 'Paradise's blossoming courtyard' – the euphemism leant to the region at that time. Tilleda was part of the dense garland of palatinates and imperial courts around the Harz, in a landscape described as the 'Emperor's kitchen' by the chronicler Lampert von Hersfeld. The central fort, with its residential and reception rooms, along with a chapel, is considerably smaller than the two outer forts with altogether 235 verifiable houses. Servants and subjected peasants lived and worked in them. Guards resided here, provisions were supplied and, cloth was produced, for instance. Some of these buildings have been hypothetically reconstructed, using the original ground plans as a guideline, in order to give a closer impression of conditions at that time.

Visitors of the Burg Falkenstein (Castle Falkenstein) can observe a picture-book example of a castle resided in by nobility. The site is on the spur of a mountain, overlooking the Selke Valley and has fulfilled this function for over 800 years. It is considered to be the best maintained, high-ground castle in the country. Hidden in the woods, at first sight the walls appear to belong to a fairytale castle. The romantic

Arendsee, ehemalige Klosterkirche St. Mariae, St. Johannis und St. Nikolai, das Kloster 1184 durch den Markgraf Otto I. gestiftet, der Kirchenbau gegen Anfang des 13. Jahrhunderts vollendet, steht stilistisch zwischen der noch flachgedeckten Klosterkirche in Jerichow und der Klosterkirche Diesdorf, welche im gebundeneen System gewölbt ist.

Arendsee, the former monastery church St Mariae, St Johannis and St Nikolai. The monastery was founded by Margrave Otto I in 1184 and construction was completed towards the beginning of the 13th century. Stylistically, it is a cross between the flat-roofed monastery church in Jerichow and the monastery church in Diesdorf, which uses the same vault system.

Gegenüberliegende Seite: Arendsee, ehemalige Benediktinerinnen-Klosterkirche St. Mariae, St. Johannis und St. Nikolai in ihrer Ansicht von Osten.

Opposite page: Arendsee, former Benedictine monastery church St. Mariae, St Johannis and St Nikolai as seen from the west.

genähert hat. Die romantische Anmutung mit Türmen und Fachwerkanbauten ist Ergebnis von umfänglichen Umbauten, die sich ab Mitte des 15. Jahrhunderts über zweihundert Jahre hinzogen. Der ursprüngliche spätromanische Bau geht auf 1120/80 zurück. Eine trutzig-wehrhafte Anlage mit Bergfried, Wohnturm und Palas in der Kernburg, gesichert durch Mauer, vorgelagerte Bastionen und ein Torsystem mit Gräben und Zugbrücken. Die Vorburg diente als Wirtschaftshof. Dass Eike von Repgow hier um 1220 den „Sachsenspiegel"

effect contrived by the towers and varied timber frame work is a result of the extensive alterations which were carried through from the mid 15th century for a further 200 years. The original late-Romanesque structure dates back to 1122/80. The defence site, with its keep, inhabited tower and Palas (main building) in the central castle fort, was secured by walls, offsite bastions and a gate system with moats and drawbridges. The outer fort served as the utility courtyard. The traditional opinion that Eike von Repgow wrote the

Gegenüberliegende Seite: Havelberg, Dom St. Marien über der Havel, trotz eines Brandes 1279 und der damit verbundenen gotischen Umbauten wesentliche Teile des romanischen Domes erhalten.

Opposite page: Havelberg, the St Marien Cathedral overlooking the Havel River. Essential parts of the Romanesque cathedral were preserved despite a fire in 1279 and the resulting Gothic conversions.

Havelberg, Dom St. Marien von Nordwesten, in der Mitte des 12. Jahrhunderts begonnen, 1170 geweiht.

Havelberg, northwestern view of the St Marien Cathedral. Construction began in the mid-12th century and it was consecrated in 1170.

als über Jahrhunderte gültige Sammlung mittelalterlichen Rechts vom Lateinischen in die gebräuchliche niederdeutsche Volkssprache übersetzt haben soll, ist zwar mangels eindeutiger Quellen wissenschaftlich nicht belegbar, sichert aber dem Falkenstein eine höchst populäre Legende.

'Sachsenspiegel' here in around 1220 has not been scientifically proven, due to lack of indisputable evidence. This was a collection of Medieval rights and laws translated by Repgow from Latin into the common Low German language. Despite the lack of proof, Falkenstein is still legendary.

Sandau, Pfarrkirche St. Nikolai und St. Laurentius in Richtung Westen.

Sandau, the St Nikolai and St Laurentius Parish Church, viewed to the west.

Auf einer Überlieferung beruht auch die Gründung der Stiftskirche St. Cyriakus und des Kanonissenstifts in Gernrode. Danach verrichtete der legendäre Markgraf Gero (um 900–965) das gottgefällige Werk als Sühne und zur Sicherung seines Seelenheils für eine grausige Bluttat, bei der er dreißig slawisch-wendische Fürsten während eines Gastmahls hinterrücks ermorden ließ. Der gleichwohl als großer Stratege gerühmte blutrünstige Herrscher, dessen Machtbe-

The founding of the St Cyriakus church and the canoness convent in Gernrode also touches on legend. According to this popular true story, Margrave Gero (circa 900–965) erected this architectural work to please God, in atonement and to secure his salvation after committing an horrifically bloody deed – he ordered the assassination of thirty Slavic lords during a banquet. This bloodthirsty ruler, who was equally famous for being a great strategist, governed

Sandau, Pfarrkirche St. Nikolai und St. Laurentius in ihrer Ansicht von Südosten, um 1200 entstanden, nach einem Brand 1695 barocke Umbauten, 1945 starke Beschädigung des Westturmes durch eine Granate.

Sandau, the St Nikolai and St Laurentius Parish Church as viewed from the south-east. Erected in around 1200. Underwent Baroque conversions after a fire in 1695. Heavy damage was inflicted on the west tower by a hand grenade in 1945.

Gegenüberliegende Seite: Sandau, Ostansicht der Pfarrkirche St. Nikolai und St. Laurentius, klare Formensprache der Architektur bezeichnet die Nachfolge der Klosterkirche Jerichow.

Opposite page: Sandau, eastern view of the St Nikolai and St Laurentius Parish Church. Stylistically, a distinctive successor of the Jerichow Monastery Church due to its clear architectural design.

Schönhausen, Dorfkirche St. Willibrord in ihrer Ansicht nach Westen.

Schönhausen, the St Willibrord village church, viewed to the west.

Schönhausen, Südwestansicht der 1212 dem heiligen Willibrord geweihten Dorfkirche.

Schönhausen, south-west view of the village church, dedicated to St Willibrord in 1212.

reich in seinen Umrissen in etwa dem heutigen Sachsen-Anhalt entsprach, ist in dem ab 959 errichteten Gotteshaus mehrfach zugegen: in einem plastischen Abbild auf der Deckplatte seines Grabmals, auf einem auf Holz gemalten Bild von 1500 und auf einem der Fresken im Ostchor. Seine unselige Tat hat einen der bedeutendsten frühottonischen Sakralbauten entstehen lassen, den wir heute zudem in einzig guter Erhaltung und trotz einiger Umbauten im 12. und Rekonstruktion im 19. Jahrhundert nahezu im Originalzustand bewundern können. Der Grundriss der dreischiffigen

an area which was as large as modern-day Saxony-Anhalt and is repeatedly represented in the church (constructed from 959 A.D.): in a sculptural portrait on the cover of his tomb, depicted in the painting (on wood) from 1500 and on one of the frescos situated in the east chancel. His unholy deed initiated the construction of one of the most important early-Ottonian sacred buildings, which can be admired in its well-preserved state despite 12th century conversions and reconstructions carried through in the 19th century. The ground layout of the three-nave basilica was designed in

Schönhausen, Dorfkirche St. Willibrord in ihrer Südostansicht.

Schönhausen, southeast view of the St Willibrord village church.

Schönhausen, Dorfkirche St. Willibrord, Blick zum 1712 umgebauten Altar und zu dem spätromanischen Kruzifix welches aus dem Jahre 1212 stammt, bemerkenswert auch die zahlreichen Epitaphien der Familie Bismarck, späterer Reichskanzler Fürst Otto von Bismarck wurde hier 1815 getauft.

Schönhausen, St Willibrord village church, with a view onto the altar (altered in 1712) and the late-Romanesque crucifix which originates from 1212. The many Bismarck family epitaphs are highly remarkable and Otto von Bismarck (later chancellor of to the empire) was baptised here in 1815.

Basilika ergibt wiederum das lateinische Kreuz. Im östlichen Teil mit der Chorapsis und zwei Nebenapsiden an den Querhausarmen lassen sich sehr gut die über tausendjährigen Mauerteile von den im 19. Jahrhundert restaurierten unterscheiden. Eine breite Treppe führt zum Hochaltar, auf den das Licht durch die für diese Kirche typischen, im Dreieck angeordneten einfachen Rundbogenfenster fällt. Die darunter liegende Hallenkrypta steht als ältester Teil mit ihrer schlichten Gestaltung im Kontrast zur dreischiffigen gewölbten Westkrypta. Im Langhaus fallen beidseitige Emporen

the Latin cross-form. The thousand year old wall segments can be exceptionally well distinguished from those of the 19th century reconstructions in the chancel apse and side apses on the transept wings. A set of wide steps leads up to the high altar, on which light falls, through the church's typically simple round arch windows that are arranged in a triangle. The hall crypt is the oldest section and is located underneath the altar. Its simple design contrasts with the three-nave, vaulted west crypt. There are galleries on both sides of the longhouse and the Byzantine influence is an

Wust, Dorfkirche entstand um 1200 und wurde im 17. und 18. Jahrhundert tiefgreifend verändert, Anbau der Gruftanlage der Familie von Katte an die Apsis (im Foto unten).

Wust, the village church was built in around 1200 and was significantly altered in the 17th and 18th century. The von Katte family tomb extension built onto the apse is pictured below.

Gegenüberliegende Seite: Wust, Blick in Richtung Osten, bemerkenswert die Kassettendecke aus dem 17. Jahrhundert.

Opposite page: Wust, view to the east. Remarkable coffered ceiling from the 17th century.

Wust, Innenraum der Dorfkirche in ihrer Ansicht nach Westen.

Wust, interior of the village church (facing west).

auf, die auf byzantinischen Einfluss deuten und die Gernroder Stiftskirche als ältestes Beispiel einer Emporenbasilika mit einfachem Stützenwechsel gelten lassen.

Als einmalig gilt die Gestaltung des nachträglich um das 11./12. Jahrhundert eingebauten Heiligen Grabes im südlichen Seitenschiff. In Deutschland ist es die älteste Nachbildung des Grabes Christi in Jerusalem, gehalten in dessen Originalmaßen. Ein bedeutendes Kunstwerk der Frühromanik durch die selten ausdrucksvolle Darstellung der Auferstehungsgeschichte an den Seitenwänden. Der ursprüng-

indication that the Gernrode church is the oldest example of a gallery basilica.

The belatedly installed holy grave was built in around the 11th and the 12th century in the southern side-aisle and is considered unique. It is the second oldest reproduction in Germany (after Fulda) of Christ's grave in Jerusalem and follows its original measurements. The work of art is a significant example of early-Romanesque artistry due to the expressive interpretation of the Resurrection, shown on the side walls. Replicas of Jesus' grave have existed in the entire

Melkow, Chor und Apsis der spätromanischen Dorfkirche.

Melkow, the late-Romanesque village church's chancel and apse.

Gegenüberliegende Seite: Melkow, gut erhaltener, sehr sorgfältig ausgeführter Backsteinbau vom Ende des 12. Jahrhunderts.

Opposite page: Melkow, well maintained and very carefully constructed brick building from the end of the 12th century.

liche Sinn der „Heiligen Gräber" geht auf mittelalterliche Pilger zurück, die aus Jerusalem die Anregung mitbrachten, solche Grabes-Nachbauten zur anschaulichen und emotionalen Vertiefung des Christenglaubens zu nutzen. Seit mehr als drei Jahrzehnten wird alljährlich am Ostermorgen diese historische Sinngebung mit dem „Gernröder Osterspiel" wieder lebendig.

Häufig und bevorzugt zu den Osterfeiertagen trafen sich die ottonischen Herrscher in Quedlinburg, um am Ort der von Heinrich I. begründeten kaiserlichen Pfalz und seiner Grablege gemeinsam das höchste christliche Fest zu begehen. Das einzigartige Ensemble von hochromanischer Stiftskirche und den Wohngebäuden des von Heinrichs Witwe Mathilde gegründeten ehemaligen Kaiserlichen Freiweltlichen Frauenstiftes auf dem Schlossberg, hoch über der denkmalgeschützten Mittelalterstadt, lässt bis heute den Glanz jener Zeiten nachempfinden. Kaiser und Könige kamen hierher, Reichstage und Synoden fanden statt, Otto der Große wurde in der Kirche mit Editha von England getraut. So, wie wir den zu den bedeutendsten architektonischen Werken der Hochromanik im norddeutschen Raum zählenden Bau heute erleben, stammt er im wesentlichen vom Ende des 11. Jahrhunderts und basiert wahrscheinlich auf drei Vorgängerbauten. Ein Großbrand hatte 1070 sämtliche Gebäude auf dem Burgberg vernichtet. Im Innern der flachgedeckten kreuzförmigen Basilika, deren Querhaus nur wenig über das Langhaus hervor ragt,

Abseits von der Straße der Romanik: Großwulkow, gut erhaltene romanische Dorfkirche aus dem späten 12. Jahrhundert.

Off the Romanesque Route: Groß-wulkow, well maintained Romanesque village church originating from the late 12th century.

Christian world since the 5th century. They lead back to the pilgrims, who longed to understand Christ's suffering before his resurrection, in order to deepen their faith. This was aided by these visual interpretations. This ritual is annually relived on Easter morning during the 'Gernröder Osterspiel' (Gernrode Easter Pageant), which has been a tradition for over three decades.

The Ottonian rulers frequently assembled in Quedlinburg for the Easter holidays, in order to celebrate this most significant Christian festival within the imperial palatinate, which had been grounded by Heinrich I and where he is buried. When observing the buildings on the Schlossberg (Castle Hill), which overlooks the Medieval town, it is possible to imagine the splendour of that era: the high-Romanesque collegiate church, surrounded by the residential buildings formerly belonging to the Imperial Secular Women's' Institute, an establishment initiated by Heinrich's widow, Mathilde. Emperors and kings came here, imperial diets and synods took place, Otto the Great married Edith from Wessex in the church. This structure is counted as one of the most important to have originated at the height of the Romanesque period in North Germany. Today, its appearance is essentially comprised of constructions dating back to the 11th century and is probably based on three previous buildings. A huge fire destroyed several of the buildings on the castle fort hill in 1070. The interior of the flat-roofed, cross-formed basilica, conveys a feeling of grandeur

vermittelt monumentale Strenge das Gefühl der Erhabenheit. Gänzlich anders mag der Eindruck im Mittelalter gewesen sein, als die Wände mit vielfarbiger Bemalung ein ungleich lebendigeres Ambiente schufen. Erhalten blieb der reiche figürliche Schmuck des Mittelschiffs. In ihm werden die sich gegen die Seitenschiffe öffnenden Arkaden durch Pfeiler und Säulen im Wechsel eins zu zwei gestützt. Auf einen Pfeiler kommen zwei Säulen, womit das erste Beispiel für den niedersächsischen Stützenwechsel gegeben ist. Ungewöhnlich hoch liegt der Chor über der darunter liegenden ebenerdigen Krypta. Die zwei hinaufführenden Treppen sind

by means of its monumental severity. In the Middle-Ages the impression may well have been utterly different, as the many-coloured wall paintings created far livelier and more exiting surroundings. The wealth of figured decorations were preserved. The arcades, which open onto the side-aisle in the nave, are supported by alternating pillars and columns in the configuration: one to two. One pillar is followed by two columns, characteristic feature of the Lower-Saxon 'Stützenwechsel' (alternating supports). The chancel is situated at an unusual height over the ground level crypt. Two stairways were the result of changes that took place from 1936-1939. They

Jerichow, ehemalige Klosterkirche von Nordosten, zwischen 1149 und 1172 als kreuzförmige, dreischiffige Basilika gebaut, der Westabschluss zunächst ohne die Türme.

Jerichow, former monastery church viewed from the north-east. Built between 1149 and 1172 as a cross-formed, three nave basilica. The west end was constructed initially without towers.

Gegenüberliegende Seite: Jerichow, ehemaliges Prämonstratenserstift St. Marien und St. Nikolaus in seiner Ansicht von Nordwesten.

Opposite page: Jerichow, the former Premonstratensian Foundation St Marien and St. Nikolaus viewed from the north-west.

Jerichow, Sommerrefektorium im südlichen Teil des ehemaligen Prämonstratenserstiftes St. Marien und St. Nikolaus.

Jerichow, the summer refectory is situated in the southern section of the Premonstratensian Foundation building.

ein Ergebnis der Restaurierung von 1936/39 und erinnern an den Missbrauch, den das Gott geweihte Haus zu Zeiten des Nationalsozialismus erdulden musste. Zum tausendsten Todestag seines Namensvetters richtete SS-Führer Heinrich Himmler mit großem Aufwand hier eine „Weihestätte" des vermeintlich tausendjährigen braunen Nazi-Reiches ein. Er ließ alle Abbilder des „gekreuzigten Juden" Jesus vernichten. Ein dunkler Fleck in der Apsis erinnert noch heute an den dort angebrachten Adler mit Hakenkreuz als Menetekel der

are a reminder of the misuse that the consecrated House of God suffered during the time of National Socialism. The SS leader, Heinrich Himmler, commissioned a 'shrine' to the alleged thousand year existence of the Nazi-Reich, on his namesake's 1000th anniversary. He ordered the destruction of all portrayals of the 'Crucified Jew' Jesus. A dark stain in the apse still remains. It was left there by the representation of an eagle and swastikas which had been installed there as a sign of the 'brown' barbarity. The three-nave crypt is

Gegenüberliegende Seite: Jerichow, ehemaliges Prämonstratenserstift St. Marien und St. Nikolaus in seiner Ansicht nach Osten, der heutige Zustand ist den umfangreichen Restaurierungen im 19. und 20. Jahrhundert geschuldet.

Opposite page: Jerichow, St Marien and St Nikolaus (the former Premonstratensian Foundation) viewed to the east. Its present condition owes a lot to the wide ranging restorations which were carried out in the 19th and 20th century.

Jerichow, evangelische Stadtkirche in ihrer Südostansicht (oberes Foto) und in ihrer Ansicht von Westen (rechtes Foto), flachgedeckter, einschiffiger Bau aus der 1. Hälfte des 13. Jahrhunderts, der Fachwerkturm stammt aus dem 17. Jahrhundert.

Jerichow, Evangelical town church, south-east face (see above photo). View to the west (see photo right) of the flat-roofed, one-nave structure, built in the first half of the 13th century. The half-timbered tower dates back to the 17th century.

braunen Barbarei. Unter Chor und Querhaus liegt die dreischiffige Krypta. In ihr sind neben den Grabplatten der ersten Stiftsäbtissinnen, die zu den wertvollsten romanischen Skulpturen in unserem Raum gehören, auch die Särge von Heinrich I. und seiner Gemahlin Mathilde zu sehen. Vom Hohen Chor gelangt man in die 1179 eingebaute Schatzkammer, den Zitter. Die Kostbarkeiten des Quedlinburger Domschatzes sind jetzt wieder nahezu vollständig, nachdem zu Beginn der neunziger Jahre des vorigen Jahrhunderts der Großteil des von einem Besatzungssoldaten der US-Armee geraubten und über vier Jahrzehnte in Amerika verborgenen Schatzes an seinen Heimatort zurück geholt werden konnte.

Zu den erlesensten Sammlungen mittelalterlicher Kunst zählt der Halberstädter Domschatz, aufbewahrt im Kapitelsaal und im Remter des Doms St. Stephanus und St. Sixtus. Glanzstücke sind die romanischen Bildteppiche und eine auf der Welt einmalige Sammlung liturgischer Gewänder, deren älteste aus dem 10. Jahrhundert stammen. Die um 1220 gestaltete Triumphkreuzgruppe über dem Lettner gilt als erste monumentale Darstellung dieses Motivs: Der gekreuzigte Jesus erscheint ohne Dornenkrone als der über den Tod Triumphierende, umgeben von Maria und Johannes mit Engeln und den Mächten der Finsternis zu Füßen. Der Dom mit seiner großartigen gotischen Architektur entstand in fast dreihundertjähriger Bautätigkeit seit der ersten Hälfte des 13. Jahrhunderts im wesentlichen in den Maßen eines Vorgängerbaus aus ottonischer Zeit. Wie durch ein Wunder sind der Dom und die am westlichen Domplatz liegende romanische Liebfrauenkirche durch das Bombeninferno des zweiten Weltkrieges, das das alte Halberstadt zu großen Teilen in Schutt und Asche versinken ließ, zwar betroffen, aber nicht irreparabel zerstört worden. Die 1146 geweihte Kirche des Anfang des 11. Jahrhunderts gegründeten Augustinerchorherrenstifts ist eine kreuzförmige Pfeilerbasilika mit vier Türmen, welche allerdings erst nach 1200 errichtet wurden. Das jetzige Westportal ist eine Hinzufügung des 14. Jahrhunderts. Der Einfluss der Hirsauer Bau-

situated under the chancel and transept. Apart from the grave ledgers of the first convent abbesses, which belong to the most valuable Romanesque sculptures to be found in this area, the coffins of Heinrich I and his wife Mathilde can also be seen. The treasure chamber (installed in 1179) or 'Zitter' is entered from the high chancel. The collection of precious objects in the Quedlinburg cathedral treasury is almost complete, since the majority of the missing treasures was returned at the beginning of the 1990s. They had been stolen by an occupying soldier and hidden in America for a 40 year period until their recovery and transport back to their place of origin.

The cathedral treasures in Halberstadt are considered to be one of the finest existing collections of Medieval art. They are deposited in the chapter hall and assembly room in the St Stephanus and St Sixtus cathedral. The Romanesque tapestries and an exceedingly rich collection of liturgical vestments are showpieces. The oldest robes originate from the 10th century. The 'Triumphkreuzgruppe', was installed in 1220 and is located over the choir screen. It is one of the earliest monumental presentations of its kind: The depicted crucified Jesus appears without the crown of thorns and is portrayed as having triumphed over death. He is flanked by Mary and John who are accompanied by angels, the dark powers cower at his feet. The great Gothic cathedral was constructed over an almost 300 year-long period in the first half of the 13th century. The bulk of the structure was planned essentially following the example of construction in the Ottonian era. This explains the unusually steep and long proportions, which convey a graceful impression of space. The bomb inferno created in the Second World War left Old Halberstadt in a ruinous state. The cathedral and the Romanesque Church of Our Lady in the western cathedral square were hit, but miraculously not irreversibly destroyed. The Church of Our Lady (Liebfrauenkirche) was consecrated in 1146. It was home to the 11th century-established Augustine Canons Foundation and is a cross-formed pillar basilica with four towers, which

Genthin, einer der ältesten erhaltenen Grabsteine der Region in der Dorfkirche von Altenplathow, Herr von Ploto gestorben 1170.

Genthin, one of the region's oldest-preserved gravestones is located in the Altenplathow village church. It honours the memory of a Herr (Mr.) von Ploto who passed away in 1170.

Redekin, Dorfkirche in ihrer Südwest-ansicht, stattlicher Backsteinbau um 1200 unter Jerichower Einfluss entstanden.

Redekin, south-west view of the village church. The construction of the stately brick building was influenced by the Jerichow style in 1200.

Gegenüberliegende Seite: Redekin, Südostansicht der Dorfkirche.

Opposite page: Redekin, south-eastern view of the village church.

schule spricht aus der monumental schlichten Gestaltung. Wie bei deren Bauten wird auch hier das mit einer weiten Apsis endende Sanktuarium an beiden Seiten von Kapellen flankiert, die ebenfalls mit eingezogenen Apsiden schließen. Auch im Inneren ist die von der engen Reihenfolge der acht Pfeilerpaare im Langhaus geprägte Kirche schlicht, Folge einer Restaurierung im 19. Jahrhundert. Der mittelalterliche Raumeindruck war durch Gewölbe anstelle der jetzigen Flachdecke geprägt, die Wände waren mit farbigen Fres-

were erected after 1200. The west entrance was installed in the 14th century. The doctrine of the Hirsau School is visible in its simple structure. Similarly to their buildings, the Sanctorum is concluded with a broad apses and flanked by chapels on both sides which, in turn are also rounded off with apses. The interior is modest and is dominated by eight closely set pairs of pillars in the longhouse; the result of 19th century reconstructions. In the Middle-Ages the sense of interior space was characterised by vaults instead of the

Hier ruht in Gott
Frida Müller

Gegenüberliegende Seite: Abseits von der Straße der Romanik – die Dorfkirche in Jerchel, flachgedeckter, einschiffiger Backsteinbau um 1200 unter Jerichower Einfluss entstanden.

Opposite page: Off the Romanesque Route: village church in Jerchel. Emerged in around 1200 influenced by the Jerichow style and is a flat-roofed, single nave brick building.

Abseits von der Straße der Romanik: Groß Schwechten, flachgedeckter Feldsteinbau aus der ersten Hälfte des 12. Jahrhunderts.

Off the Romanesque Route: Groß Schwechten, flat-roofed fieldstone building, originating from the first half of the 12th century.

ken bedeckt. Ein Kostbarkeit sind die Chorschranken, deren Figurenreliefs zu den hervorragenden Kunstwerken der Romanik in Deutschland gehören. Die ursprünglichen steinernen Schranken waren bei einem Brand 1179 schwer beschädigt worden, weshalb man sich entschloss, sie mit Stuck zu überziehen. Die so entstandenen Plastiken der Kichenpa-

present flat roofs and the walls were covered in colourful frescos. The choir surroundings are of particular value. Their figured reliefs belong to the most notable Romanesque artwork in Germany. The original surroundings were badly damaged during a fire in 1179, hence the decision to cover them in stucco. The sculptural work which emerged depict

Gegenüberliegende Seite: Burg, Oberkirche Unser Lieben Frauen, 1186 erstmals genannt, von dem spätromanischen Bau der quereckige, im oberen Teil zweitürmige Westbau und in der Ostwand des nördlichen Seitenschiffes eine Apsis erhalten.

Opposite page: Burg, the Church of Our Lady was first mentioned in 1186. The west structure with its two towers (in the upper section) and the apse in the northern aisle's east wall are remainders of the late-Romanesque architecture.

Burg, Oberkirche Unser Lieben Frauen in ihrer Ansicht nach Osten, gotischer Erneuerungsbau 1359 geweiht.

Burg, Church of Our Lady viewed to the east. The renewed Gothic structure was consecrated in 1359.

Burg, Oberkirche Unser Lieben Frauen in ihrer Ansicht nach Westen.

Burg, Church of Our Lady viewed to the west.

tronin und ihres Sohnes im Kreis der zwölf Apostel wirken ungewöhnlich lebensnah und sprechend: die Gottesmutter als eine anmutige junge Frau mit langen Zöpfen, auf ihrem Schoß das Jesuskind mit wie zufälliger Segensgebärde und keck unterm Rock vorlugenden Füßchen, die Apostel als tatkräftige Männer. Sie treten dem Betrachter nicht als unnahbare, ehrfurchtheischende Heilige gegenüber, sondern schaffen mit sehr menschlichen Gesten eine unmittelbare Beziehung zu ihm.

the church's patroness with her son, encircled by the twelve apostles. They appear in a very realistic and convincing manner: The Mother of God is shown as a charming young lady with long plaits, the child Jesus is seated on her lap gesturing a blessing, as if by chance and his feet peek cheekily out from under his clothes, the apostles appear as energetic men. Under observation, they do not seem to be unapproachable, awe-demanding saints; their gestures create a direct affinity with the observer.

Geradezu eine Einladung zum Nähertreten scheint der Engel auszusprechen, der, ein wenig versteckt unter der Orgelempore im nördlichen Seitenschiff der Kirche des Benediktinerklosters auf der Huysburg, mit großen Augen und sanft lächelnd auf die Besucher herabblickt. Das Fragment eines Türsturzes ist sicherlich das bedeutendste Beispiel plastischer Kunst aus der romanischen Kirche. Der äußerlich schlichte ursprüngliche Bruchsteinbau überrascht im Inneren mit Ausstattungsteilen (Hochaltar, Kanzel, Orgelprospekt) von fast bayerisch-barocker Pracht. Der freund-

Burg, Unterkirche St. Nikolai, restauriertes Taufbecken in der nördlichen Nebenapsis.

Burg, St Nikolai Church. Restored baptismal font in the northern side apse.

The angel, somewhat hidden under the organ gallery in the northern aisle within the Benedictine monastery church, Huysburg, seems to be inviting the onlooker to come closer with his big eyes and gentle smile. This lintel fragment is surely one of the most significant examples of sculptural art. The apparently simple quarry stone structure surprises visitors with its interior installations (high altar, pulpit, organ prospect), which were designed in an almost Bavarian-Baroque grandeur. The friendly heavenly messenger is not the only worthwhile reason to walk the path through the deciduous woodland up to the monastery site, situated on the fairly out of the way Huy elevation,

Burg, Unterkirche St. Nikolai in ihrer Ansicht nach Osten, Pfeilerbasilika mit weitausladendem, durchgehendem Querschiff, die beeindruckende Wirkung des Baues resultiert aus seiner klaren Gliederung und aus dem Verzicht auf schmückende Elemente.

Burg, St Nikolai Church viewed to the east. Pillar basilica with a continuous transept which juts out prominently. The building's impressive effect is a result of its clear structure and the abandonment of ornamentation.

Gegenüberliegende Seite: Burg, Unterkirche St. Nikolai in ihrer Ansicht von Südosten, erstmals 1186 urkundlich genannt, Granitquaderbau in vorzüglicher Ausführung im wesentlichen unverändert erhalten.

Opposite page: Burg, St Nikolai Church viewed from the southeast. Existence first documented in 1186. The essence of the granite ashlar structure has been significantly preserved in an unaltered state.

liche Himmelsbote ist bei weitem nicht der einzige Grund, den Weg durch den lichten Laubwald hinauf zum Klostergelände auf dem etwas abseitigen Höhenrücken des Huy nördlich des Harzes zu unternehmen. Findet sich doch jenseits des Torhauses ein intakter Klosterbereich mit Bauten aus Romanik, Gotik und Barock, den der kleine Konvent der seit 1972 hier wieder ansässigen Mönche durch Wiederherstellung und Gestaltung nach und nach zu einem Ort christlicher Gastfreundschaft machen will. Hier bestand das einzige Benediktinerkloster in der DDR, was der Tatsache zu danken war, dass wesentliche Teile der Anlage trotz Reformation und allgemeiner Säkularisierung nach dem Reichsdeputationshauptschluss von 1803 in katholischem Kirchenbesitz verblieben waren und als kirchliches Zentrum und Bildungseinrichtung genutzt wurden. Ein Status, der der Kirche auch von den kommunistischen Machthabern nicht streitig gemacht wurde. Gleichwohl erlebte der fromme Ort wechselvolle Zeiten mit Plünderung und Zerstörung. So war das Kloster 1525 bei einem Brand während des Bauernkrieges stark in Mitleidenschaft gezogen worden, während die 1121 geweihte Kirche unbeschädigt blieb und uns heute als

north of the Harz. Indeed, beyond the gatehouse is a maintained monastery area with buildings from the Romanesque, Gothic and Baroque periods. The monks, who resettled here in 1972, wish to recreate the site bit by bit, back to its original, complete state. The only Benedictine monastery in the GDR existed here. This was thanks to the fact, that the church and several of its bordering buildings remained the property of the Catholic Church and were utilised as a church centre and educational facility, despite the Reformation and general secularisation after the Reichsdeputationshauptschluss (conclusion of the imperial delegation) in 1803. A status, which could not even be disputed by the communist dictators. This devout place was subjected to plunder and destruction, nevertheless. The monastery was affected by the Peasant's War after suffering fire in 1525 and in 1828 a large section of the Romanesque monastery was torn down, having been bestowed upon General Karl Friedrich von den Knesebeck. The Prussian king Friedrich Wilhelm III. had presented the General with Huysburg and all its properties- with the exception of the remaining Catholic estate. Since 1992 the Huysburg is owned in its entirety by the Catholic Church. The

Abseits von der Straße der Romanik: Stegelitz, spätromanischer Feldsteinbau aus Schiff, eingezogenem, quadratischem Chor und halbkreisförmiger Apsis, barocker Fachwerkturm.

Off the Romanesque Route: Stegelitz, the late-Romanesque fieldstone building consists of nave, quadratic chancel and a semi-circular apse. The half-timbered tower is from the Baroque era.

bedeutendes Baudenkmal auf dem Wege zwischen Früh- und Hochromanik begegnet. Durch einen barocken Vorbau, der das romanische Portal ersetzt hat, betritt man das hell und licht wirkende Gotteshaus, das als kreuzförmige, dreischiffige Basilika mit flachgedecktem Mittel- und Querschiff erbaut ist. Der dreimalige einfache Stützenwechsel von Pfeiler und Säule im relativ kurzen Langhaus weist als stilistische Besonderheit übergreifende Bögen als Blendarkaden auf, ein Bezug zum ottonischen Dom in Halberstadt. Die jetzt geweißten Wände waren ursprünglich bemalt mit Szenen aus der Heiligen Schrift, wie sie auch die ursprünglich aus dem 18. Jahrhundert stammenden Deckengemälde aufgreifen. Augenscheinliche Spuren der Romanik birgt die Marienkapelle an der Nordseite des Chores, wo Rundbögen mit ursprünglicher romanischer Bemalung sowie eine Säule mit Würfelkapitell hinter einem Gewölbepfeiler freigelegt worden sind. Die romanischen Klostergebäude sind zum großen Teil zu Beginn des 19. Jahrhunderts abgebrochen worden. Erhalten blieben der Nordflügel des Kreuzganges mit dem heutigen Konventsgebäude der Mönche und das Refektorium im Südflügel, der wegen ihrer späteren Nutzung so genannten Bibliothek, die jetzt als einzelnes Gebäude im Hof steht. Noch ist das Gebäude, dessen jetzige Gestalt um 1160 angesetzt wird und an dessen Nordwand Spuren des romanischen Kreuzganges erkennbar sind, in desolatem Zustand. Doch gibt es schon recht konkrete Pläne für die spätere Nutzung durch Besucher des Klosters. Im Erdgeschoss könnte ein Klosterladen entstehen, der schöne Saal im Obergeschoss mit zwei gut erhaltenen Schmucksäulen für Veranstaltungen und Konzerte genutzt werden – ein einladender Gedanke, wie ihn der Gestus des freundlichen Verkünderengels aus den Zeiten der Romanik über die Jahrhunderte nahe bringt.

church (consecrated in 1121) survived those troubled times almost undamaged and is encountered today as an important structural monument to the early- and high-Romanesque eras. Entering through the porch, which replaced the Romanesque portal, the light and airy House of God can be admired. It was constructed as a cross-formed, three-nave basilica, covered with flat roofing in the nave and transept. The simple 'Stützenwechsel' which is repeated three times in the relatively short longhouse, bares the weight of the spanning arches, giving them the stylistically rare appearance of arcades. The whitened walls were originally painted with scenes from the Holy Bible. This has been picked up by the 18th century ceiling frescos. Visible traces of Romanesque work were discovered in the Marienkapelle (Mary Chapel) on the chancel's north side. Round arches, decorated with murals dating from the chapel's time of origin, as well a column adorned with a cubic capital, were exposed behind a vaulted pillar. A large part of the Romanesque monastery buildings were demolished at the beginning of the 19th century. The north wing of the cloisters, including the monks' monastery buildings and the refectory in the south wing were preserved. The refectory is now called the Bibliothek due to its later use as a library and is the only structure standing in the middle of the courtyard. The building (the present form is dated back to 1160) contains traces of the Romanesque cloisters on its north wall and is sadly in a wretched state. Happily there are already solid plans to use it as the monastery museum in the future. The Benedictine monks want to act in the spirit of their order's ruling, to return the Huysburg to a place of Christian hospitality.

An inviting thought, echoed by the friendly angel's gesture, transmitted from Romanesque times, through the centuries to present day.

Auf der Straße der Romanik in Sachsen-Anhalt liegen außer den im vorliegenden Text erwähnten Sehenswürdigkeiten zahlreiche weitere Stätten aus dieser Zeit, die eine Entdeckung wert sind:

- **Allstedt** bei Sangerhausen bietet eine gut erhaltene Burganlage, die ab 933 Sitz der Pfalzgrafen von Sachsen war.
- **Bad Kösen** hat neben dem Romanischen Haus aus dem 12. Jahrhundert, das zu den ältesten Profanbauten in Deutschland zählt, mit Burg Saaleck (erste Erwähnung 1140) und der Rudelsburg (1171) malerische, markante Bauten hoch über der Saale.
- **Ballenstedt** beherbergt in einer Kapelle der um 1040 entstandenen Klosterkirche des Augustinerchorherrenstiftes das Grab Albrechts des Bären, der 1170 im heutigen Schloss starb.
- **Bernburg** zeigt dem Besucher im Ortsteil Waldau die flachgedeckte Feldstein-Dorfkirche St. Stephan aus dem 12. Jahrhundert.
- **Burg** besitzt mit der Oberkirche Unser Lieben Frauen von 1186 ein weiteres bemerkenswertes romanisches Gotteshaus.
- **Dedeleben** ist der Ort, bei dem die gut erhaltene Anlage der im 11. Jahrhundert errichteten Wasserburg Westerburg liegt.
- **Drübeck** bei Ilsenburg besitzt mit der um 1100 datierten Klosterkirche des ehemaligen Benediktinerinnenklosters einen in seiner ursprünglichen Gestalt erhaltenen Bau dieser Zeit.
- **Eckartsberga** ist Ort der aus der zweiten Hälfte des 12. Jahrhunderts stammenden Eckartsburg, die als ansehnliche Ruine erhalten ist.
- **Ermsleben** - Die zum Harzstädtchen Falkenstein zählende Gemeinden wird überragt von der zum ehemaligen Benediktinerkloster gehörenden Konradsburg (Anfang des 11. Jahrhunderts). Die St. Sixtus-Kirche entstand in der Zeit um das Jahr 1000, was neuere Grabungen bewiesen haben. Bislang war sie 150 bis 200 Jahre „jünger" geschätzt worden.
- **Frose** im Harzvorland war Standort eines 950 durch Markgraf Gero gegründeten Benediktinerklosters mit sehenswerter Stiftskirche.
- **Genthin** weist in der Kirche des Ortsteils Altenplathow einen aus dem Jahre 1170 stammenden bemerkenswerten Figurengrabstein auf.
- **Hamersleben** nahe Oschersleben verfügt mit der um 1112 errichteten Augustinerchorherren-Stiftskirche St. Pankratius über eine der bedeutendsten hochromanischen Basiliken in Deutschland.
- **Hadmersleben** - die äußerlich schlichte Klosterkirche St. Peter und Paul aus dem 10./12.Jahrhundert birgt im Inneren interessante Details frühmittelalterlicher Architektur.
- **Hecklingen** - Klosterkirche St. Georg und St. Pankratius um 1170.
- **Hillersleben** bei Haldensleben – vom vermutlich in der zweiten Hälfte des 10. Jahrhunderts gegründeten Benediktinernonnenkloster sind Teile des hochromanischen Kernbaus der Kirche erhalten.
- **Ilsenburg** - von der um 1080 errichteten Klosterkirche sind wesentliche Teile erhalten.
- **Jerichow** - die ehemalige Stiftskirche des 1144 gegründeten Prämonstratenserstiftes gehört zu den ältesten und künstlerisch vollendesten märkischen Backsteinbauten. Unter diesem Einfluss steht die um 1200 errichtete Dorfkirche im nahen Redekin.
- **Klostermansfeld** - die Klosterkirche entstand um 1040.
- **Leitzkau** – die 1155 geweihte Prämonstratenserstiftskirche mit dem Vorbild der Magdeburger Liebfrauenkirche ist zu großen Teilen erhalten geblieben. Das Klausurgebäude wurde nach der Säkularisierung zu einem Schloss umgebaut.
- **Melkow** bei Jerichow verfügt mit der um 1170 errichteten Dorfkirche Großwulkow über die älteste romanische Backsteindorfkirche und - wie auch das nahe gelegene Wust - um eine weitere, außen und innen im Originalzustand erhaltene spätromanische Dorfkirche aus dem 12. Jahrhundert.
- **Merseburg** - für den Dom St. Johannes und Laurentius wurde 1015 der Grundstein gelegt, die Krypta gilt als eine der ältesten unverändert erhaltenen Hallenkrypten Mitteldeutschlands. Die Neumarktkirche aus dem 12. Jhd. zeigt heute nur noch Teile ihrer ursprünglichen Gestalt.
- **Naumburg** - Der Dom St. Peter und Paul wurde um 1210 als Nachfolgebau eines frühromanischen Domes errichtet. Von diesem wurde die Krypta in den spätromanisch-gotischen Neubau einbezogen, der durch die figürlichen Darstellungen des Westlettners und der lebensgroßen Stifterfiguren berühmt wurde; sie gehören zu den bedeutendsten Werken der frühen Gotik in Deutschland.
- **Nienburg** - Klosterkirche St. Marien und St. Cyprian aus dem 11. Jahrhundert.
- **St. Peter** auf dem Petersberg bei Halle ist als Klosterkirche eines Augustiner-Chorherrenstifts nach 1124 begonnen und zwischen 1142 und 1151 geweiht worden.
- **Osterwieck** - von der nach einem Brand 1511 erneuerten Stephanikirche blieb der zweitürmige Westbau aus der Mitte des 12. Jahrhunderts erhalten.
- **Salzwedel** - die Lorenzkirche entstand Mitte des 13. Jahrhunderts anstelle einer romanischen Saalkirche.
- **Sandau/Schönhausen** – ähnlich wie die um 1212 geweihte Dorfkirche von Schönhausen zählt der um 1200 fertig gestellte und nach der Zerstörung zu Ende des II. Weltkrieges als mahnende Teilruine erhaltene Backsteinbau der Pfarrkirche von Sandau zu den Nachfolgebauten der Jerichower Klosterkirche.
- **Sangerhausen** – der entwicklungsgeschichtlich besonders interessante romanische Kernbau der ab 1265 als Klosterkirche eines Frauenkonvents genutzten Ulrichskirche wird für das späte 11. oder frühe 12. Jahrhundert angenommen.
- **Zeitz** mit dem im 11. Jahrhundert errichteten Dom St. Peter und Paul war im Jahre 968 Gründungsort des Bistums Zeitz, welches 1028 nach Naumburg verlegt wurde. Der Dom ist Teil der ursprünglichen Bischofsburg.

Informationen:

Allstedt
Burg und Schloss Allstedt
Tel. 03 46 52/5 19
Arendsee
Klosterkirche u. Benediktiner-Nonnenkloster Tel. 03 93 84/22 26
Bad Kösen
Burg Saaleck Tel 03 44 63/2 77 45
Romanischen Haus Tel - /2 76 68
Rudelsburg Tel. - /2 73 25
Ballenstedt
Klosterkirche mit Grab Albrechts des Bären Tel. 03 94 83/8 25 56
Bebertal
Friedhofskapelle Tel. 03 90 62/4 02
Bernburg
Dorfkirche St. Stephan, OT Waldau
Tel. 0 34 71/35 36 13
Blankenburg
Kloster Michaelstein
Tel. 03 944/90 30-0
Burg
Kirche St. Nicolai (Unterkirche)
Tel. 0 39 21/94 44 30
Unser Lieben Frauen (Oberkirche)
Tel. 0 39 21/22 93
Dedeleben
Wasserschloss Westerburg (Hotel)
Tel. 03 94 22/95 50
Diesdorf
Augustinernonnen-Klosterkirche
Tel. 0 39 02/3 27
Drübeck
Klosterkirche Tel. 03 94 52/9 43 00
Eckartsberga
Eckartsburg Tel. 03 44 67/2 04 15
Engersen
Dorfkirche Tel. 03 90 85/63 89
Ermsleben
Konradsburg Tel. 03 47 43/9 25 65
Freyburg
Schloss Neuenburg
Tel. 03 44 64/35 530
Frose
Stiftskirche Frose
Tel. 03 47 41/9 12 21
Genthin
Kirche Altenplathow mit Figurengrabstein Tel. 0 39 33/80 55 84
Gernrode
Stiftskirche St. Cyriakus
Tel. 03 94 85/2 75
Groß Ammensleben
Benediktinerkloster
Tel. 03 92 02/63 12 oder /5 04 40 oder /64 29
Hadmersleben
Benediktinerinnenkloster
Tel. 03 94 49/59 07
Halberstadt
Dom St. Stephanus (Domschatz)
Tel. 0 39 41/2 42 37
Halle (Saale)
Burg Giebichenstein
Tel. 03 45/5 23 38 57
Romanische Kirche Böllberg
Tel. 0345/44 41 491
Havelberg
Dom St. Marien
Tel. 03 93 87/8 93 80
Hecklingen
Klosterkirche St. Georg und St. Pancratius Tel. 0 39 25/28 42 77
Hillersleben
Benediktinernonnenkloster
Tel. 03 92 02/6 14 36
Hundisburg
Ruine Nordhusen
(Führung unter 0 39 04/27 1 0)
Huysburg
Benediktiner-Klosterkirche
Tel. 03 94 25/96 1 0
Ilsenburg
Klosterkirche
Tel. 03 94 52/1 94 33
Jerichow
Klosterkirche Tel. 03 93 43/2 85
Stadtkirche Tel. 03 93 43/2 85
Klostergröningen
Klosterkirche St. Vitus
Tel. 03 94 03/46 47
Klostermansfeld
Klosterkirche
Tel. 03 47 72/2 52 50
Landsberg
Doppelkapelle St. Crucis
Tel. 03 46 02/2 06 90
Leitzkau
Stiftskirche St. Maria
(Führung unter 03 92 41/41 68)
Pfarrkirche St. Petri
Tel. 03 92 41/2 90
Loburg
Ruine Unser Lieben Frauen
Tel. 03 92 45/20 22
Magdeburg
Kathedrale/Propsteikirche St. Sebastian Tel. 03 91/5 96 13 00
Kloster Unser Lieben Frauen
Tel. 03 91/56 50 20
Dom St. Maritius und Katharina
Tel. 03 91/5 43 24 14/54
St. Petri-Kirche
Tel. 03 91/5 43 40 95
Melkow
Dorfkirche Tel. 03 93 41/4 06
Memleben
Klosterruine St. Marien
Tel. 03 46 72/6 02 74
Merseburg
Dom St. Johannes und Laurentius
Tel. 0 34 61/21 00 45
Neumarktkirche St. Thomas
Tel. 0 34 61/21 16 4 1
Naumburg
Dom St. Peter und Paul
Tel. 0 34 45/23 01 18
Nienburg
Klosterkirche St. Marien und St. Cyprian Tel. 03 47 21/2 23 48
Osterwieck
Stephanikirche
Tel. 03 94 21/7 42 62
Pansfelde
Burg Falkenstein
Tel. 03 47 43/53 55 919
Petersberg
St. Petrus, Tel. 03 46 06/2 04 09
Pretzien
Dorfkirche St. Thomas
Tel. 03 92 00/ 51 957
Quedlinburg
Stiftskirche St. Servatius
Tel. 0 39 46/70 99 00
Wipertikirche
Tel. 0 39 46/91 50 82
Querfurt
Burg Querfurt
Tel. 03 47 71/5 21 90
Redekin
Dorfkirche Tel. 03 93 41/5 01 08
Rohrberg
Dorfkirche Tel. 03 90 00/9 06 70
Salzwedel
Lorenzkirche Tel. 0 39 01/42 33 57)
Sandau
Kirche St. Nicolai und Lauerentius
Tel. 03 93 83/51 19 /-2 36
Sangerhausen
Pfarrkirche St. Ulrich
Tel. 0 34 64/34 47 79
Schönhausen
Dorfkirche St. Wilibrord
Tel. 03 93 23/3 82 06
Schulpforte
Ehem. Zisterzienserkloster Sancta Maria ad Portam
Tel. 03 44 63/3 51 10
Seehausen
Paulskirche Tel. 03 94 07/4 25
Tilleda
Königspfalz Tel. 03 46 51/29 23
Walbeck/Aller
Dorfkirche St. Michaelis
Tel. 03 90 61/40 20 /-26 03
Wiepke
Dorfkirche Tel.: 0 39 07/56 90
Wust
Dorfkirche Tel.: 03 93 41/4 06
Zeitz
Dom St. Peter und Paul
Tel.:0 34 41/ 21 13 91

Die Deutsche Bibliothek – CIP-Einheitsaufnahme
Die Straße der Romanik
Margit Boeckh; Sebastian Kaps
Halle (Saale): mdv Mitteldeutscher Verlag,
ISBN 3-89812-086-4
ISBN 978-3-89812-086-9
5., aktualisierte Auflage 2006

Übersetzung: Katie Wood
Kunsthistorische Beratung: Dr. Eva Mahn
Druck: druckhaus köthen GmbH

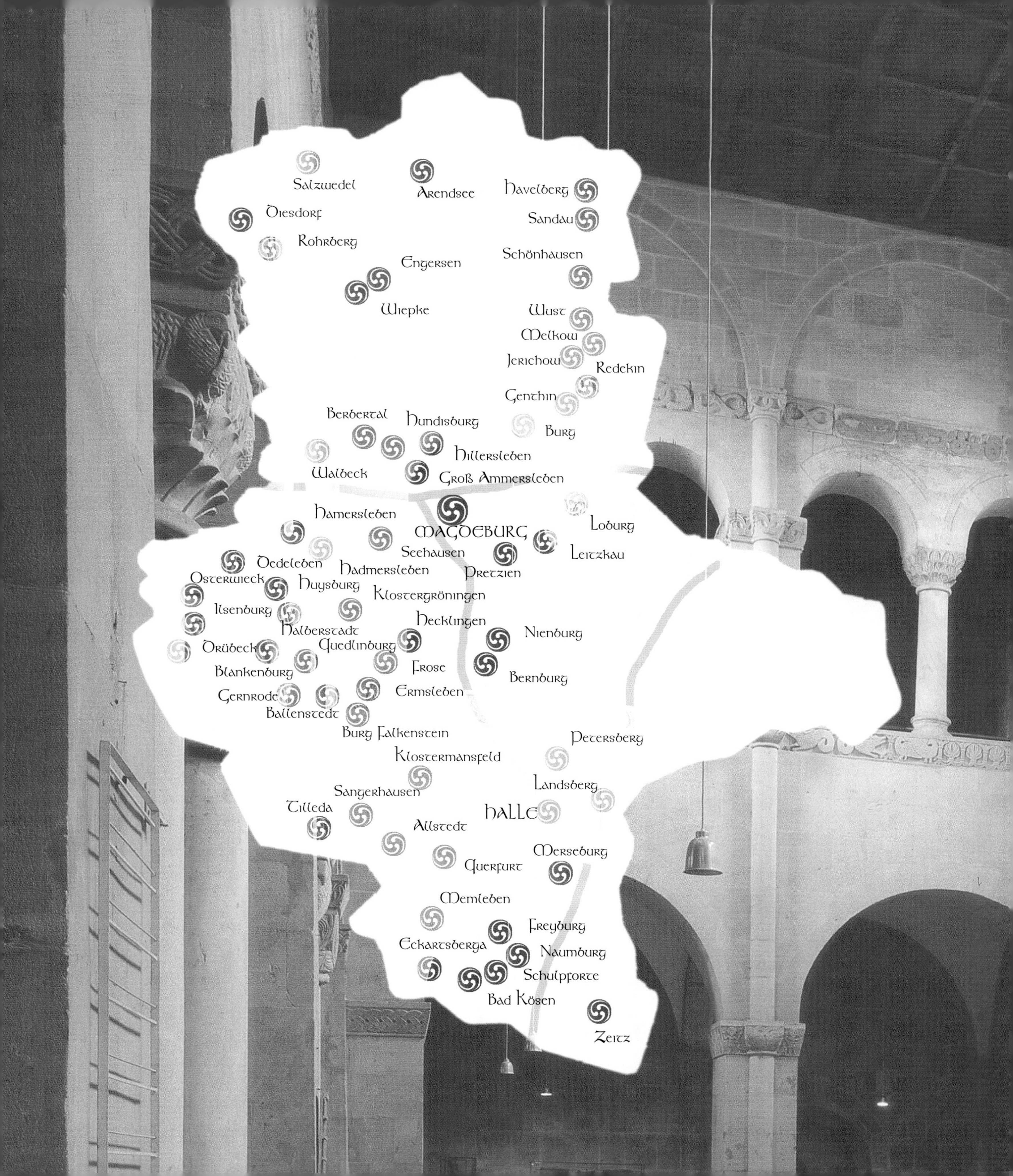
Salzwedel
Arendsee
Havelberg
Diesdorf
Sandau
Rohrberg
Engersen
Schönhausen
Wiepke
Wust
Melkow
Jerichow
Redekin
Genthin
Berbertal
Hundisburg
Burg
Hillersleben
Walbeck
Groß Ammersleben
Hamersleben
Loburg
MAGDEBURG
Seehausen
Leitzkau
Oedeleben
Hadmersleben
Pretzien
Osterwieck
Huysburg
Klostergröningen
Ilsenburg
Hecklingen
Halberstadt
Nienburg
Drübeck
Quedlinburg
Blankenburg
Frose
Bernburg
Gernrode
Ermsleben
Ballenstedt
Burg Falkenstein
Petersberg
Klostermansfeld
Landsberg
Sangerhausen
Tilleda
HALLE
Allstedt
Merseburg
Querfurt
Memleben
Freyburg
Eckartsberga
Naumburg
Schulpforte
Bad Kösen
Zeitz